Figaro

Friseure rund um die Welt

Ein Bildband von
Frank Baumert

Text: Frank Baumert
Bilder: Frank Baumert
Covergestaltung: Verlagshaus Schlosser
Umschlagabbildung: Frank Baumert
Satz und Layout: Frank Baumert
ISBN 978-3-7581-0223-3

Druck: Verlagsgruppe Verlagshaus Schlosser • Inhaber Florian Ebering
Geltinger Straße 21 • D-85652 Pliening
verleger@verlagshaus-schlosser.de • www.schlosser-verlagshaus.de

Printed in Germany

Das Friseurprojekt ist nun wirklich ein Kind des Zufalls.

Für meinen Kalender „Budapest einfach liebenswert“ schaute ich im Vorbeigehen in einen Friseursalon mit einer Einrichtung aus den 1950er oder 1960er Jahren. Meine Frau sagte spontan, mach doch mal eine Aufnahme.

Also …. Interesse und Lust hatte ich nicht wirklich, gab aber dem Drängen schließlich nach.
Seitdem laufe ich mit offenen Augen an Friseursalons und Barber-Shops vorbei – nicht nur, um einer Frisur willen oder wegen des Bartstutzens.

Mich interessiert jetzt, wie die Figaros dieser Welt ihr Handwerk verrichten und vor allem wo. Während meiner Streifzüge gab es zudem nette Begegnungen, die ich hier auch wiedergeben möchte.

Warum Figaro? Nun, das Urbild des Figaros ist die Titelfigur im Lustspiel „Der Barbier von Sevilla“ von Pierre Augustin Caron de Beaumarchais (Uraufführung 1775 Paris).

Dieser Bildband soll eine Hommage an die Zunft der Friseure sein und die Erinnerung an die alten Salons aufrecht erhalten.

Mit diesem wunderschönem alten Salon begann das Ganze.

Ungarn / Budapest - Innenstadt

1/2

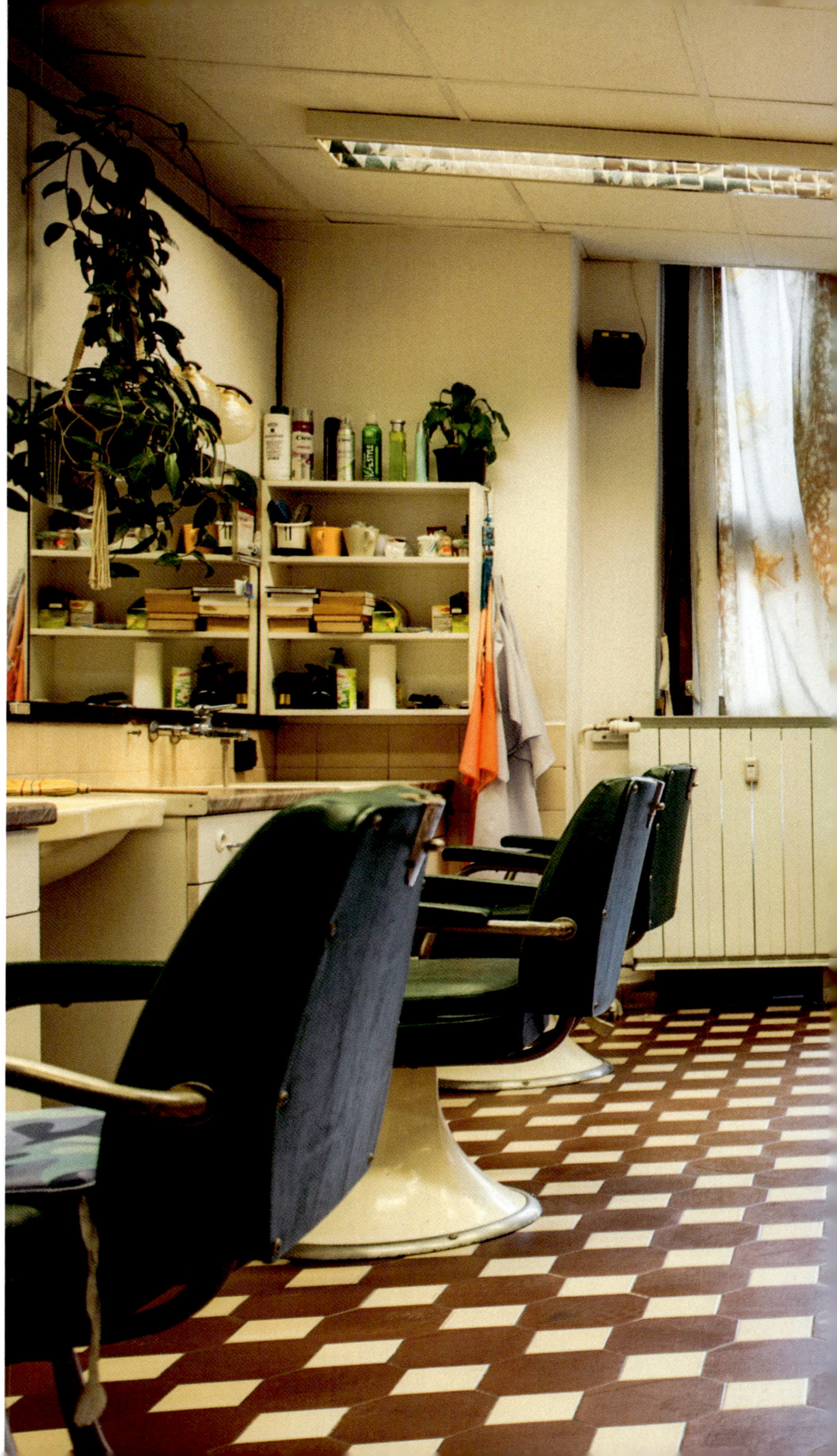

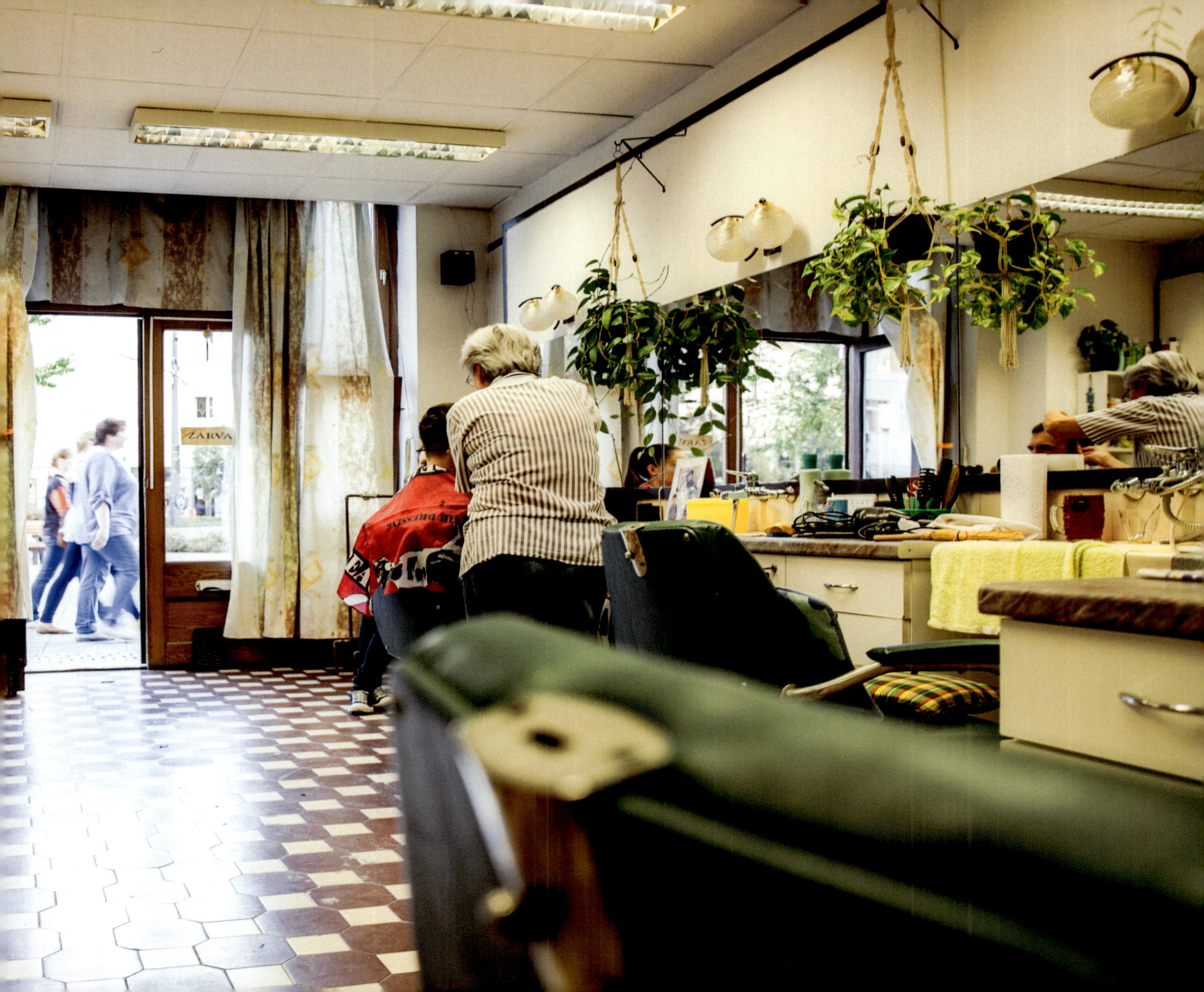
ZARVA

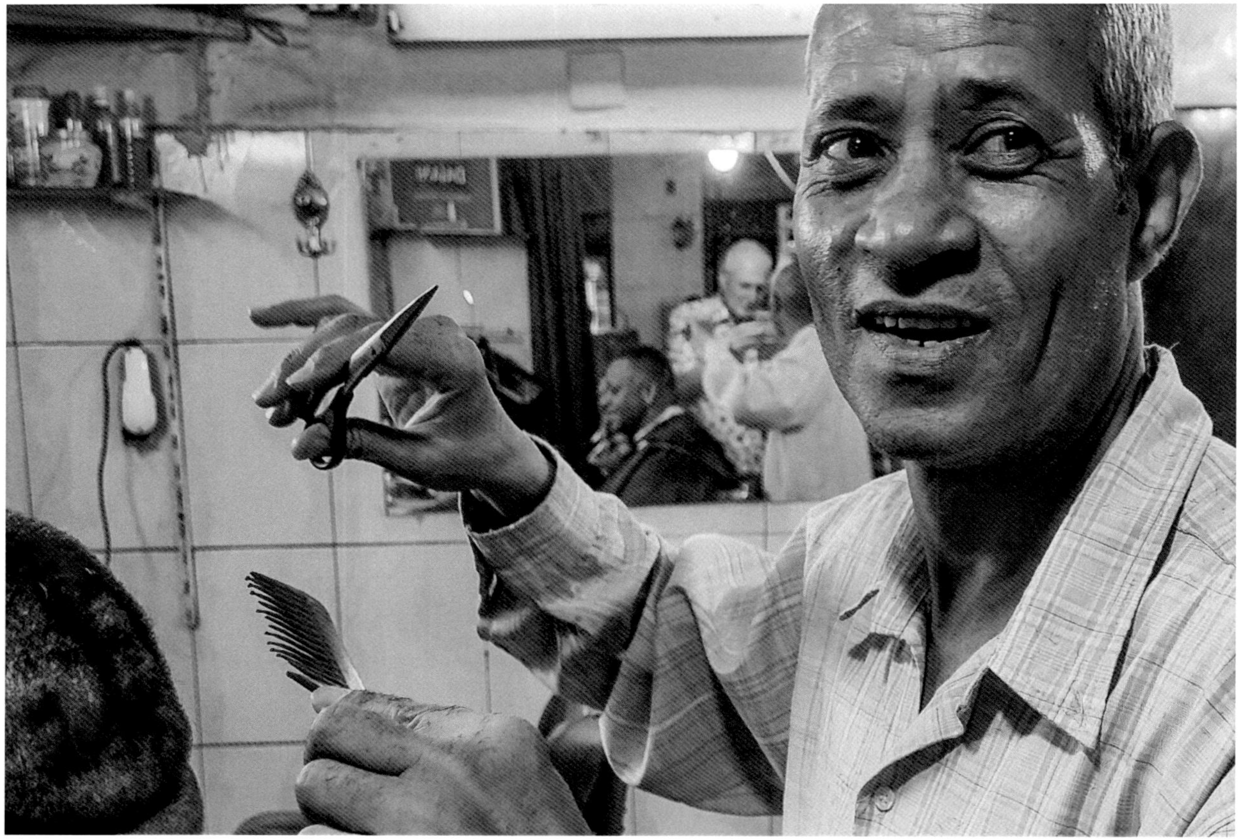

Hier ist alles unter 46 Grad kalt!
Wir Mitteleuropäer schwitzen hier soviel,
da braucht es theoretisch gar keine Haarwäsche.

Ägypten / Luxor

3/4

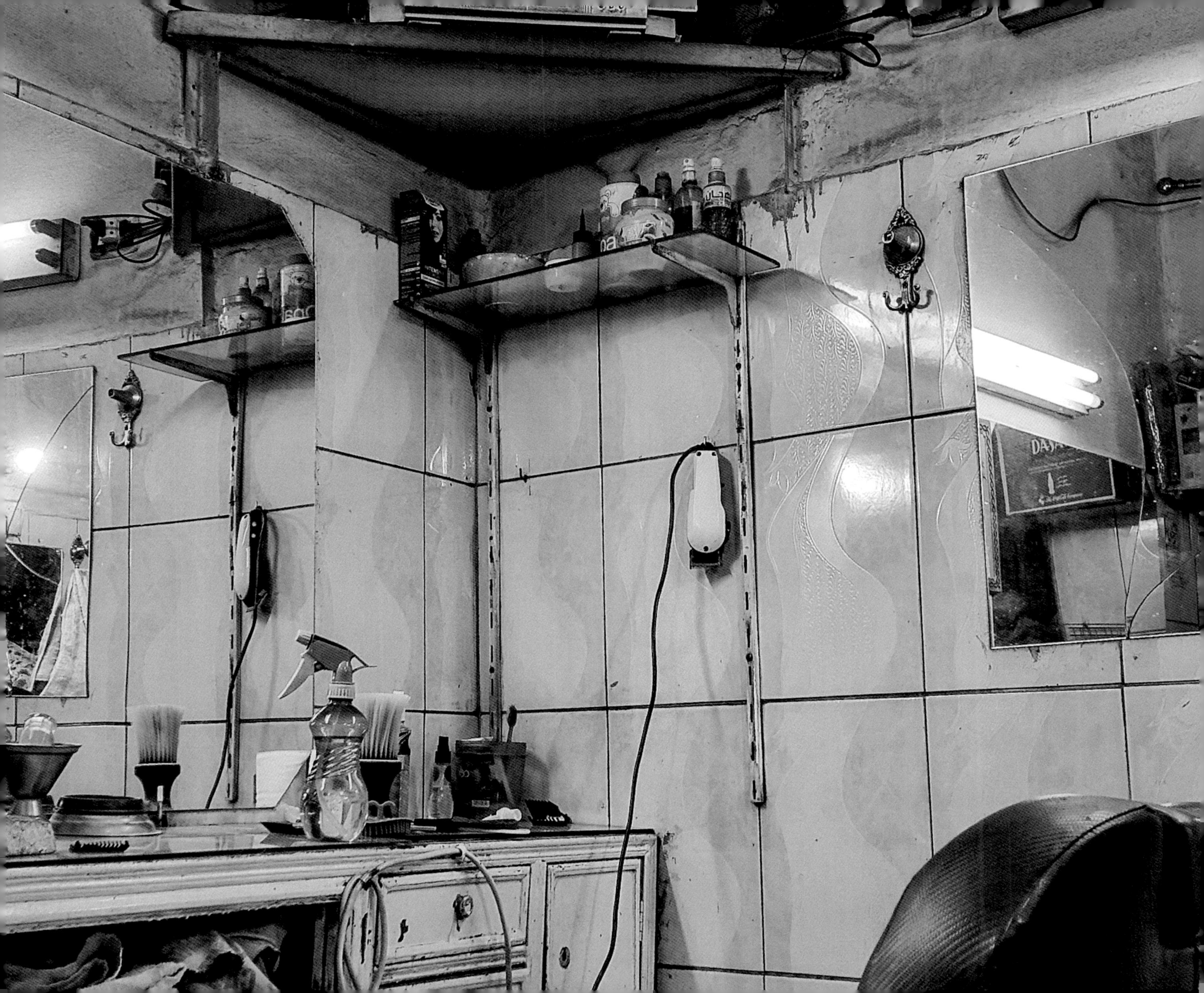

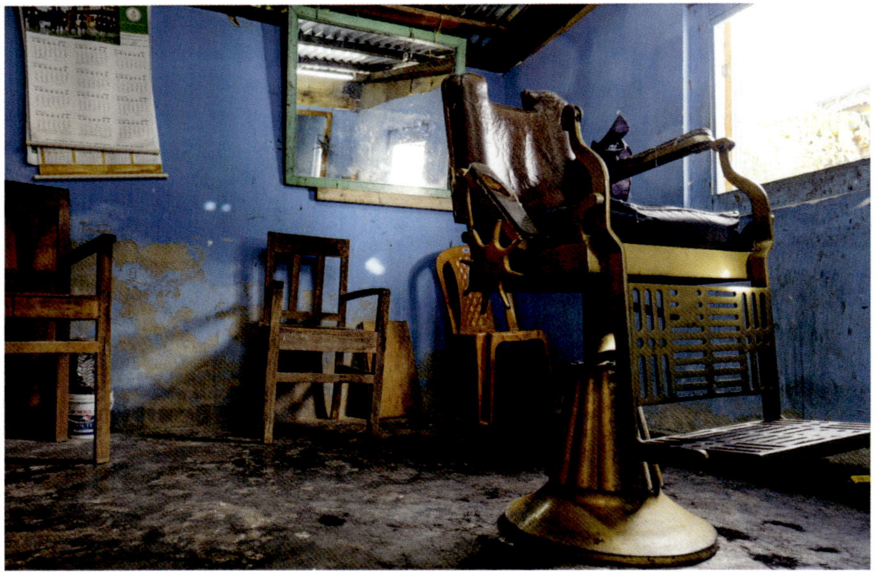

Trongsa ist eine Kleinstadt inmitten
des Königreichs Bhutan.
Dieser Friseursalon liegt am
Gelephu Hwy auf einer Höhe
von 2 800 m.
Die Aufnahme stammt aus dem
Jahre 2019. Hier scheint die Zeit
stehengeblieben zu sein.

Bhutan / Trongsa

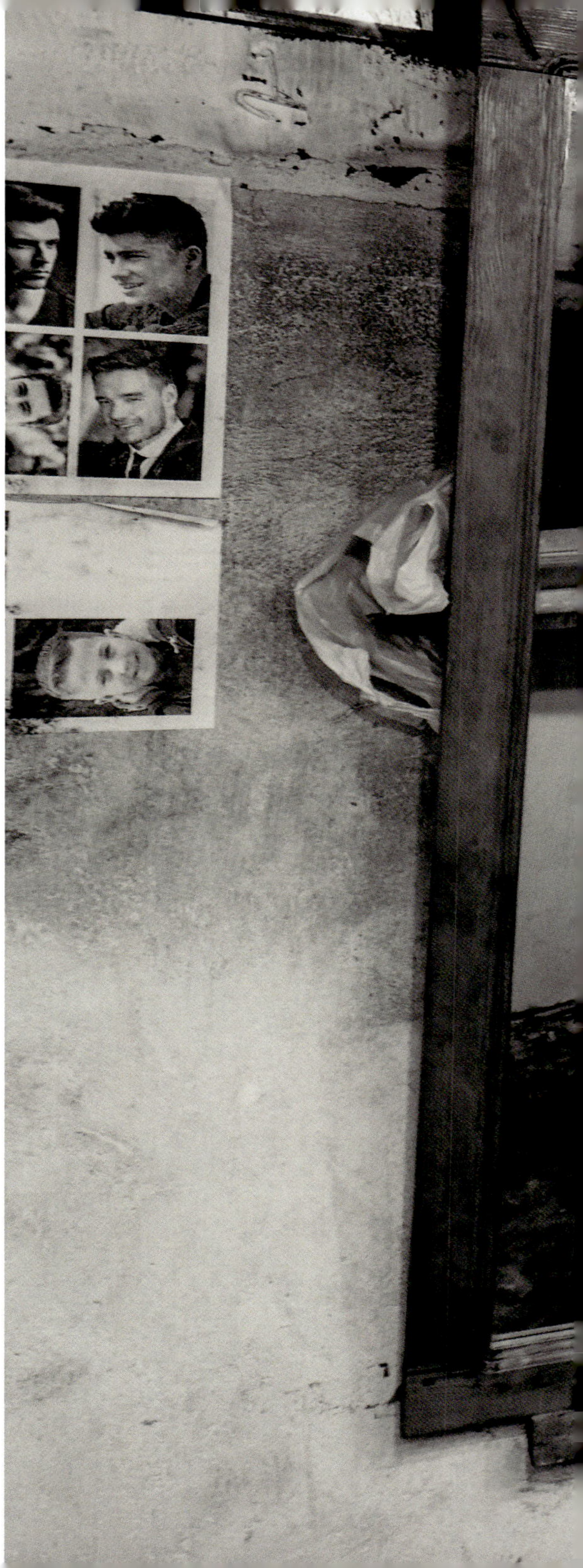

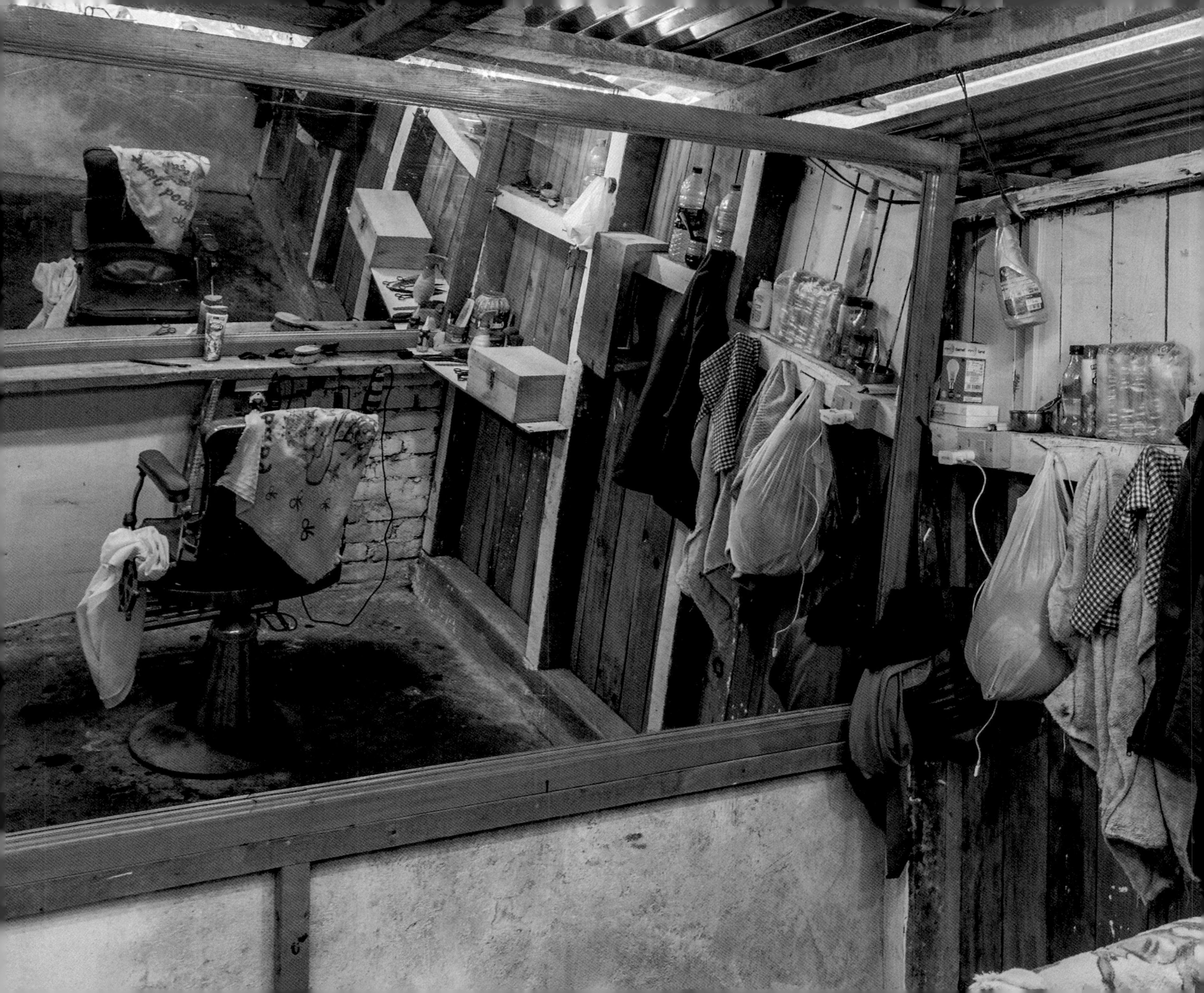

Salon mit Überraschung in der Davidstr. 23, wem das was sagt. Hier wurden den Beatles die „Pilzköpfe“ geschnitten.

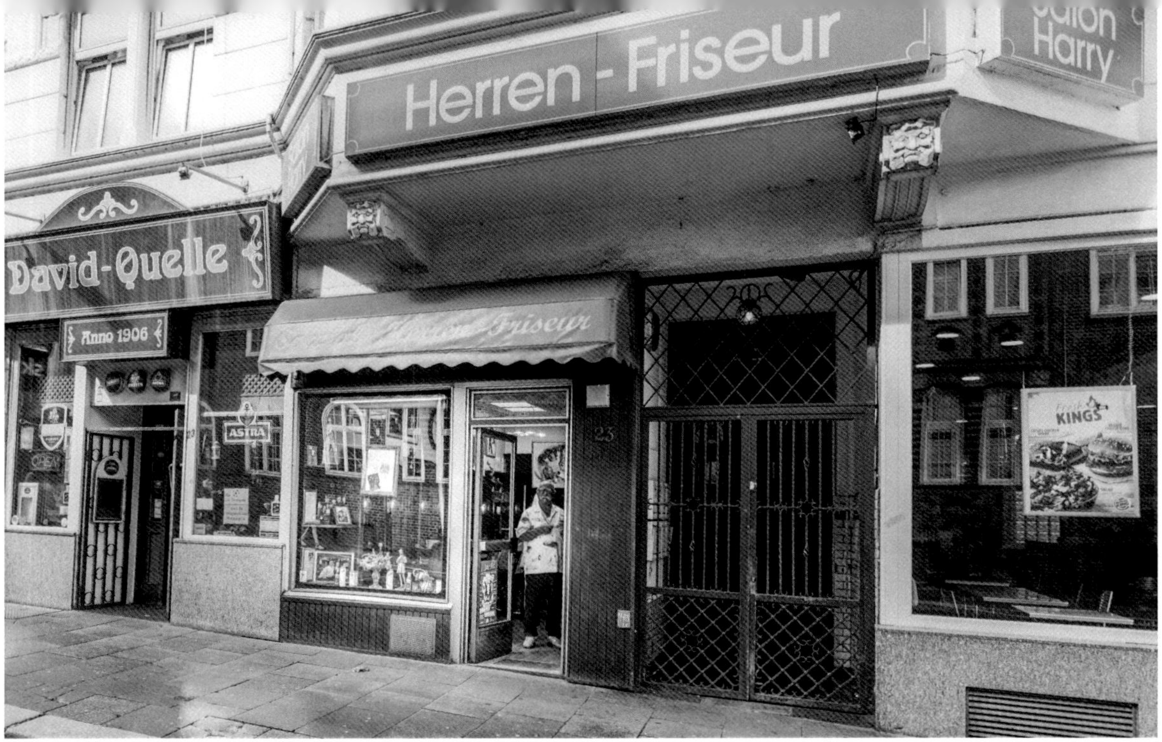

„Moin“, so hat mich Harry begrüßt - ein echtes Hamburger Unikat. Tja und dann ging es für mich los. Sein Salon gefiel mir auf Anhieb und Harry fragte mich, ob ich wüsste, warum hier Schallplatten und Bilder von den Beatles hängen?
Aber ich hatte keine Ahnung!
„Na dann komm mal mit in den Keller, Jung!“, meinte Harry.
Da war die Überraschung groß. Es hat mich förmlich umgehauen.
Da standen doch tatsächlich noch die alten Sessel, in denen den Beatles die Pilzköpfe frisiert wurden.

Deutschland / Hamburg

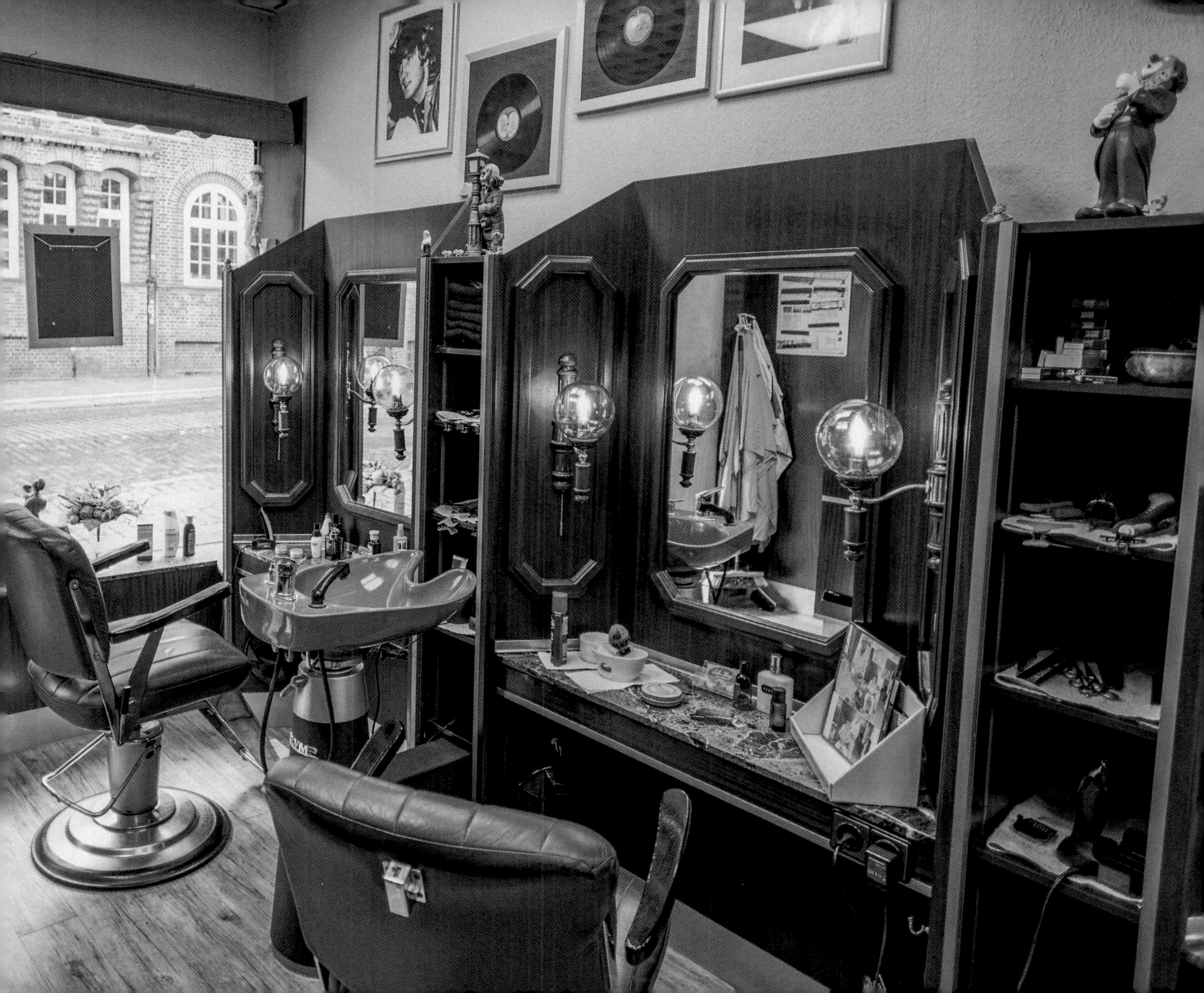

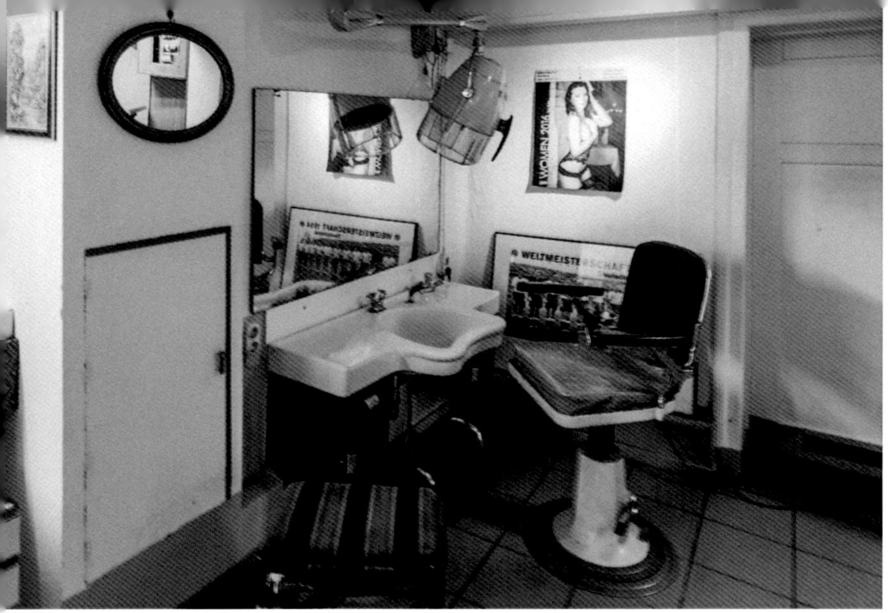

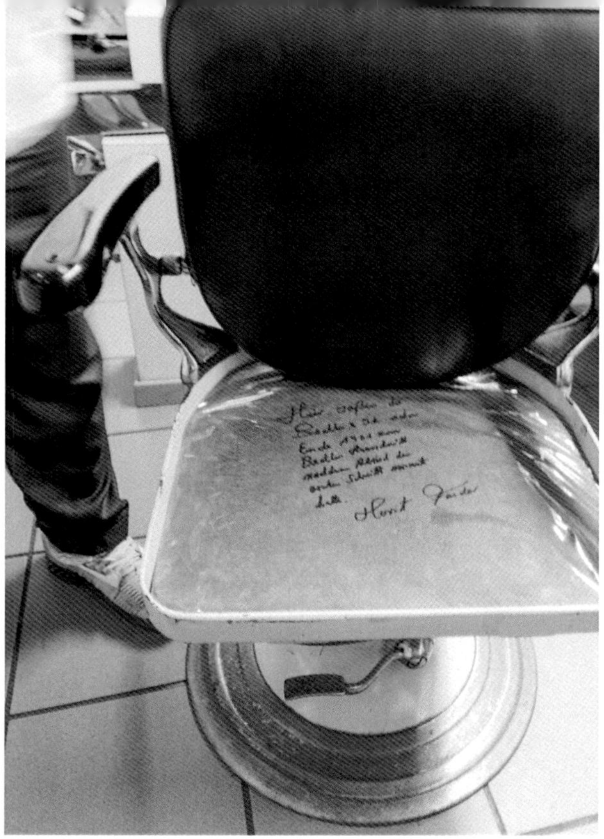

Der Keller

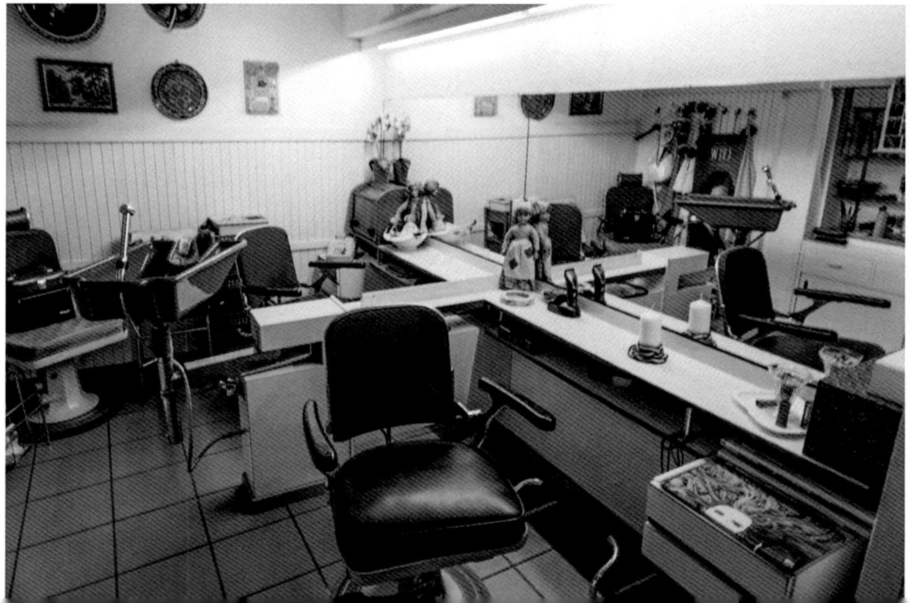

9/10

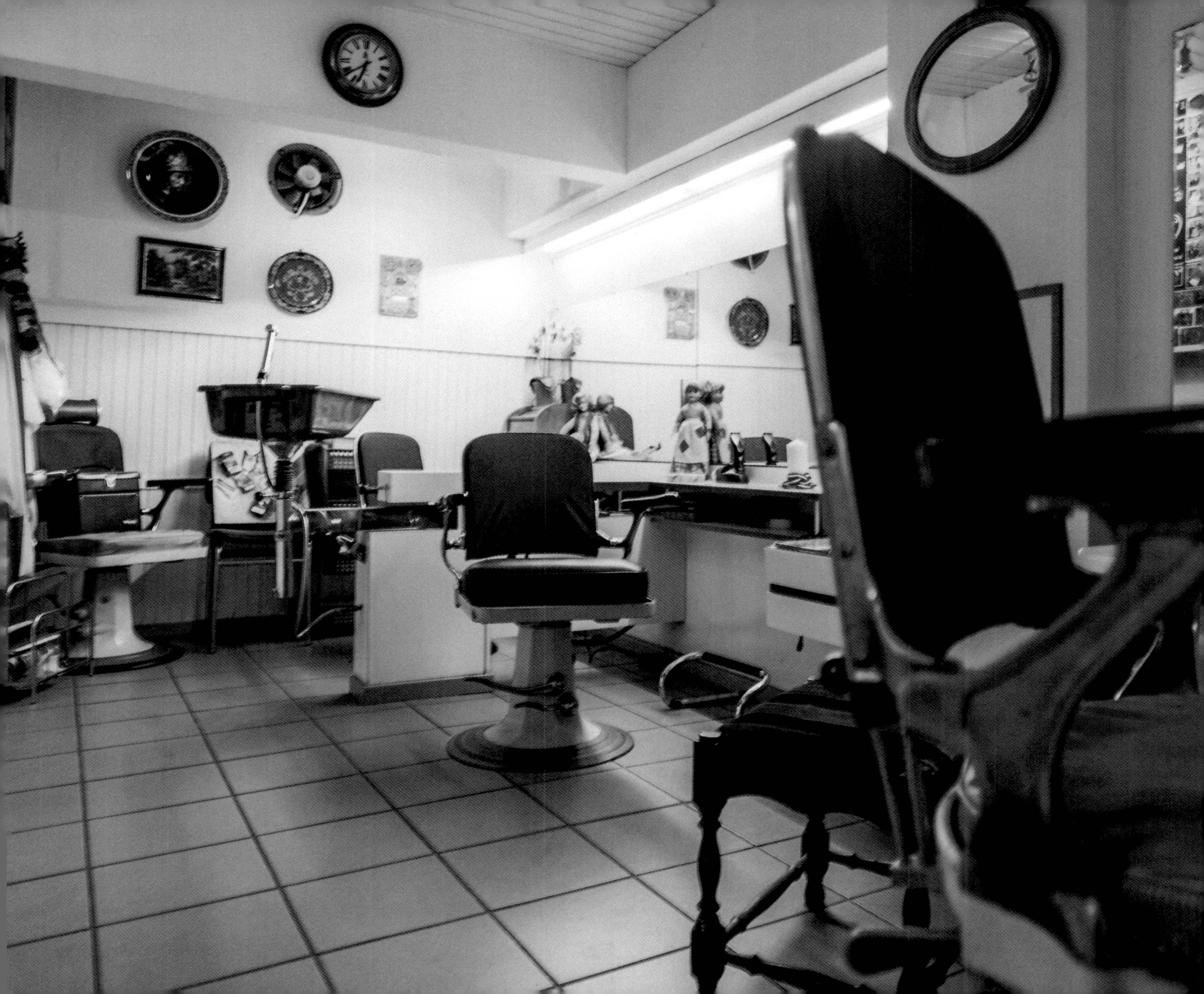

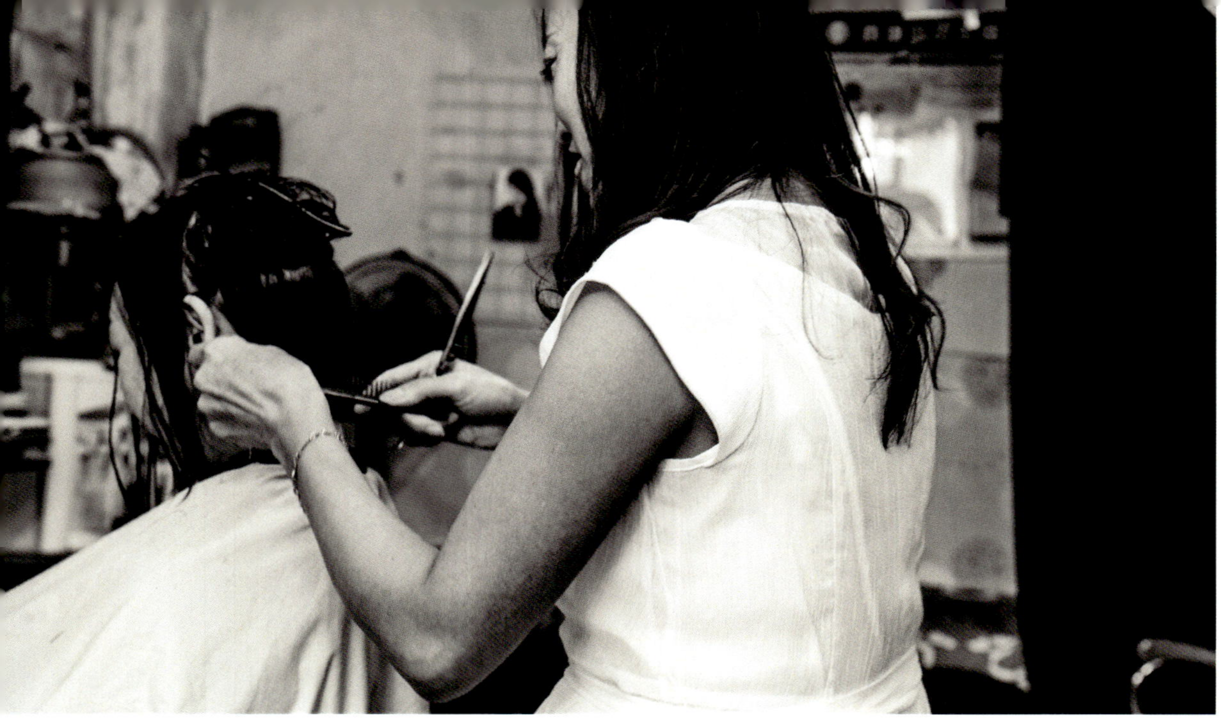

Ein Salon in einer kleinen Gasse im Stadtteil Xicheng und nebenan arbeitet ein Messerschmied, der auch Rasiermesser herstellt.
Man glaubt gar nicht, dass man in einer der modernsten Städte auf unserem Planeten ist. Die Ruhe und die Gelassenheit der Menschen dieses Stadtteiles sind beeindruckend.

China / Beijing

11/12

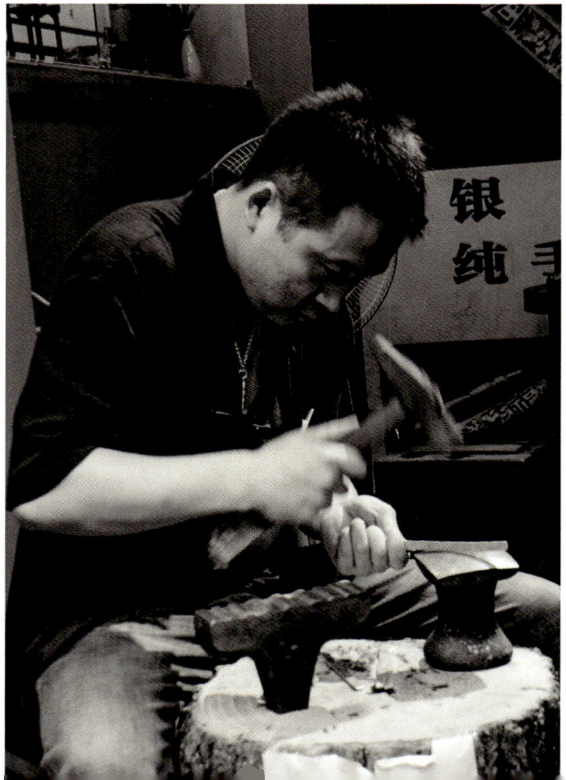

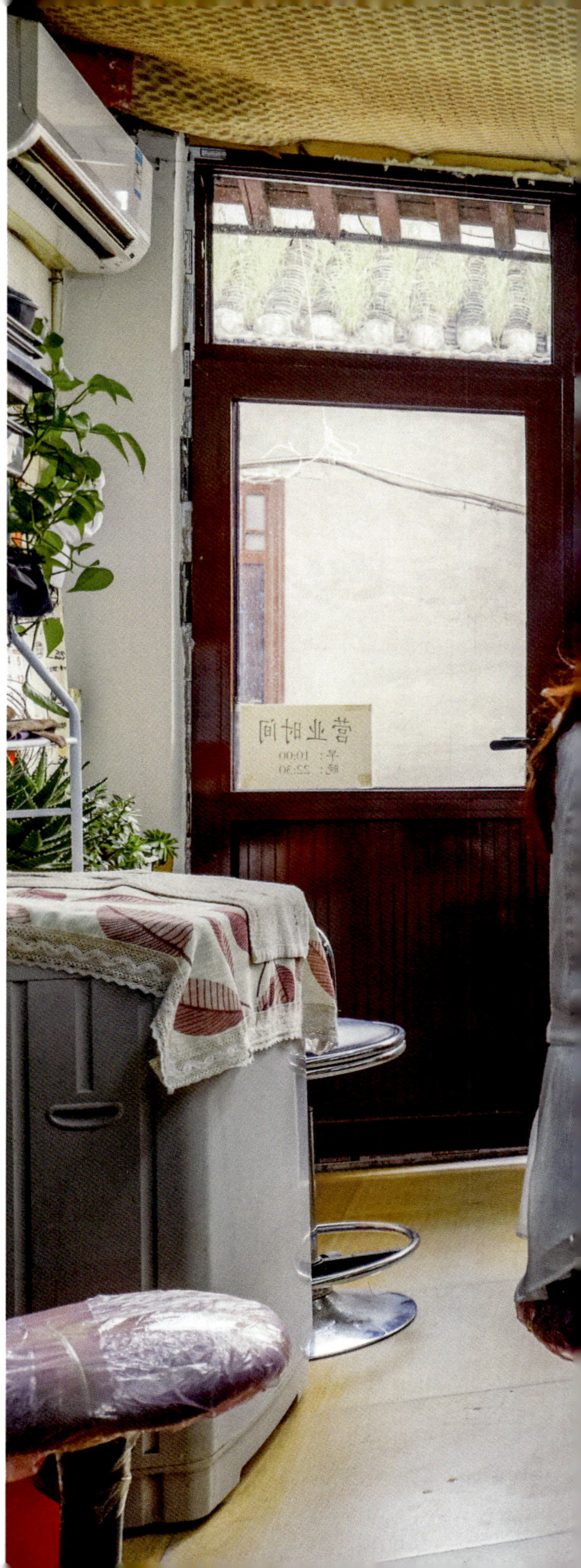

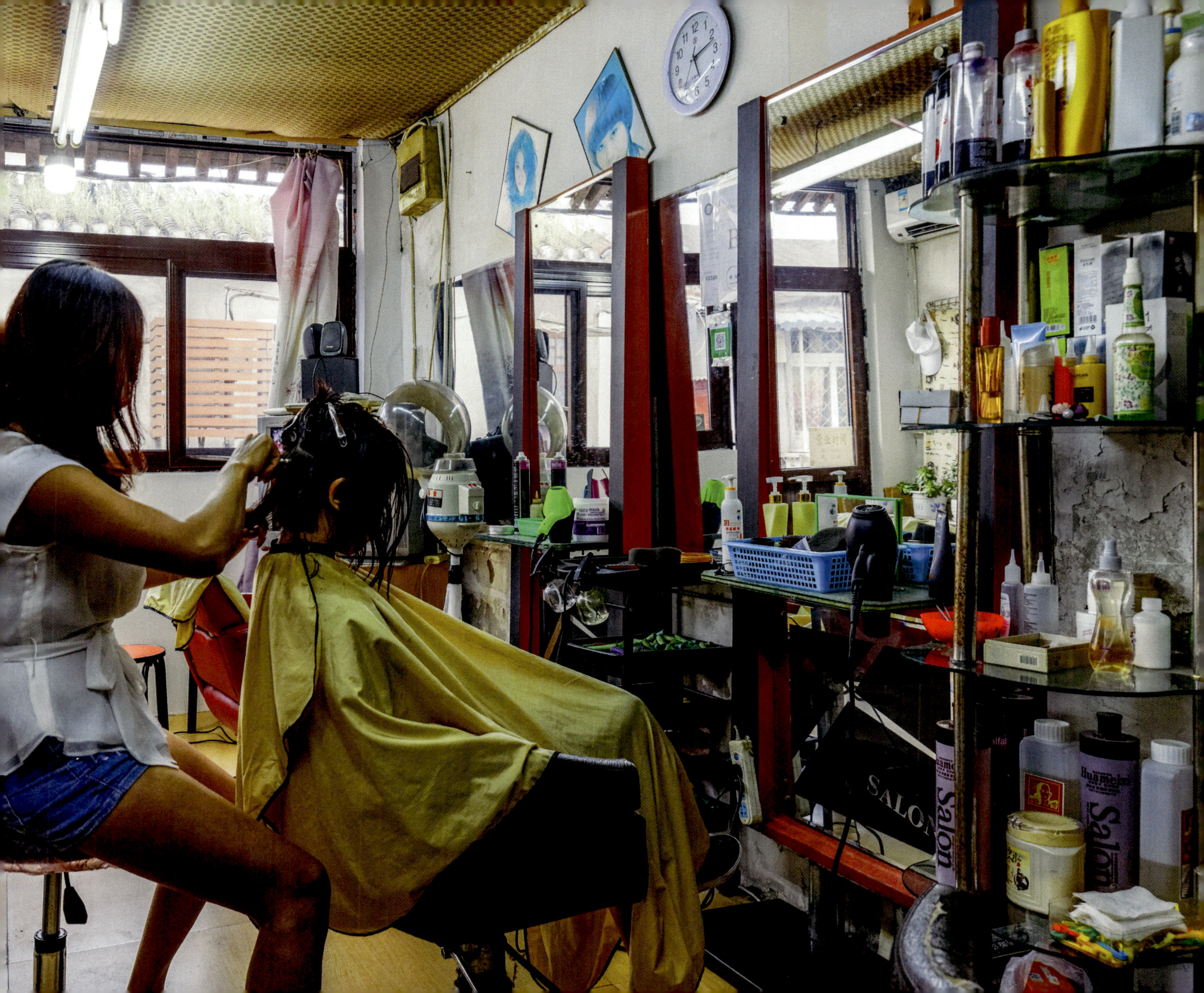
SALON
Salon
Salon

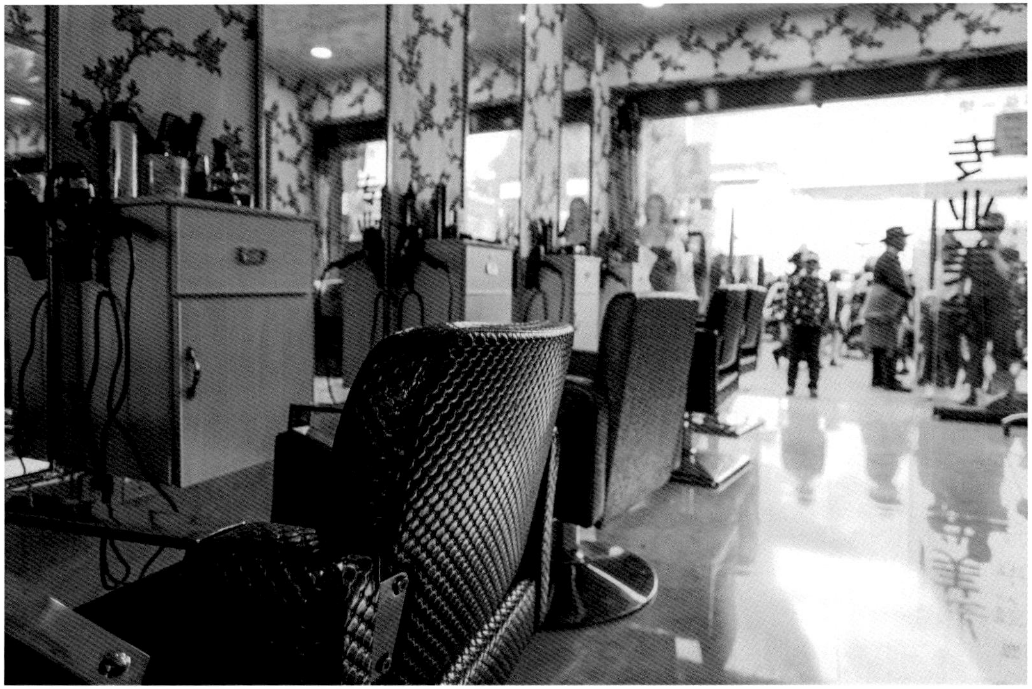

Zu diesem Salon gehen wir Mitteleuropäer
gemächlich!
Denn er liegt auf 3.650 m über dem
Meeresspiegel und ein zügiger Gang
raubt einem definitivr den Atem.
Das habe ich selbst erlebt!

China Tibet / Lhasa

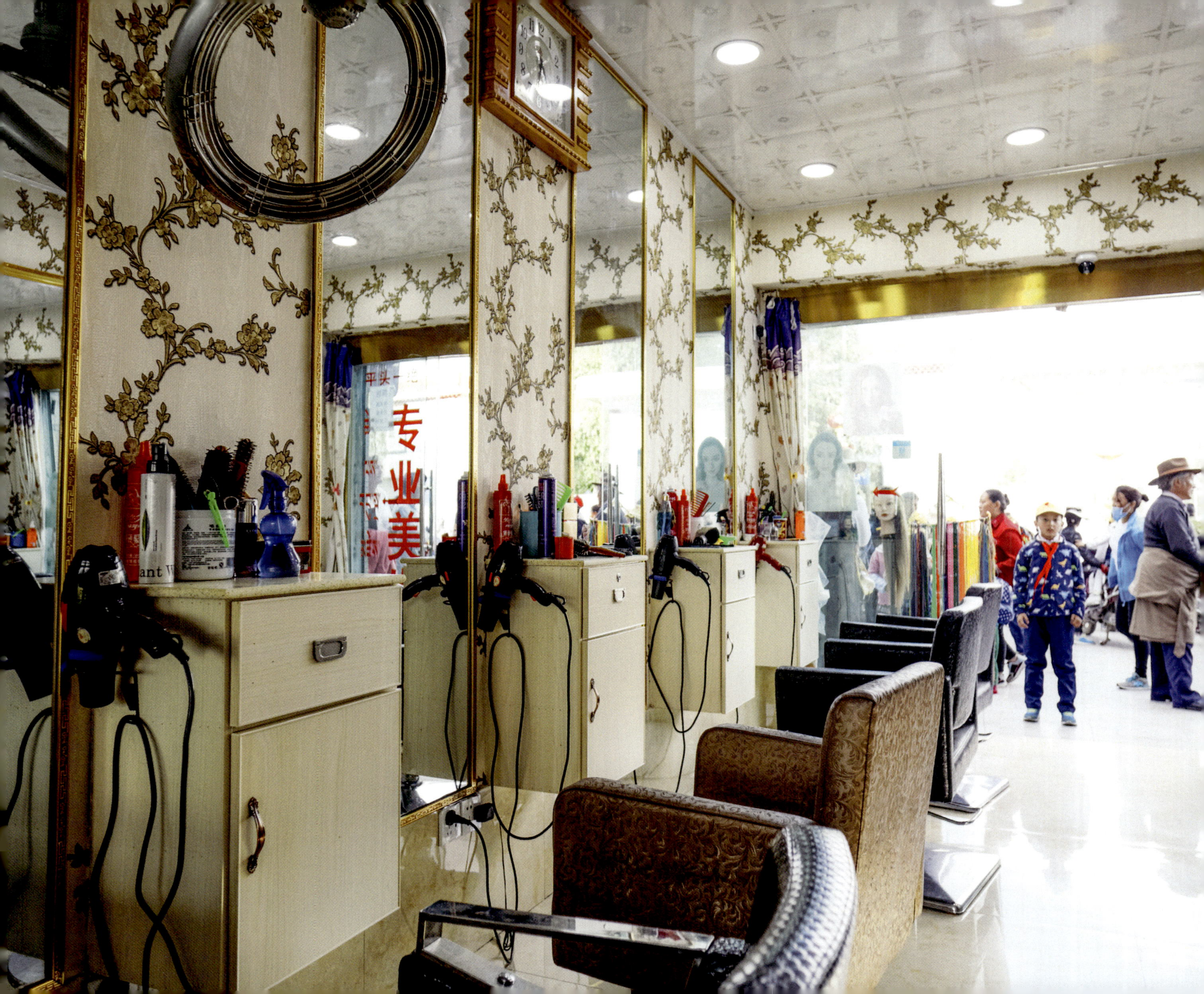
专业美

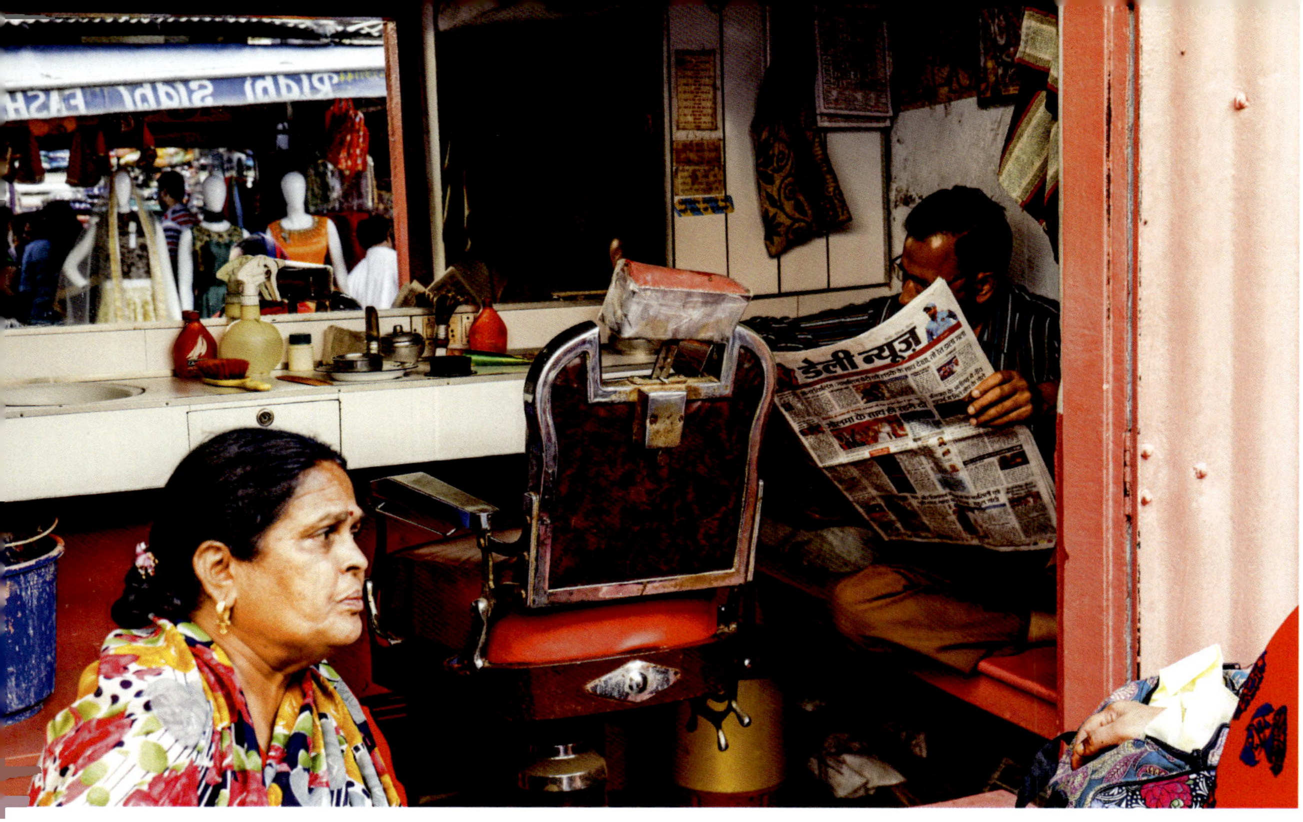

Das ist nicht nur der Hawa Mahal – Palast der Winde - sondern auch ein toller Barbershop!
Ein Spaziergang durch die Gassen ist zudem ein Fest für die Sinne!

Indien Rajasthan / Jaipur

15/16

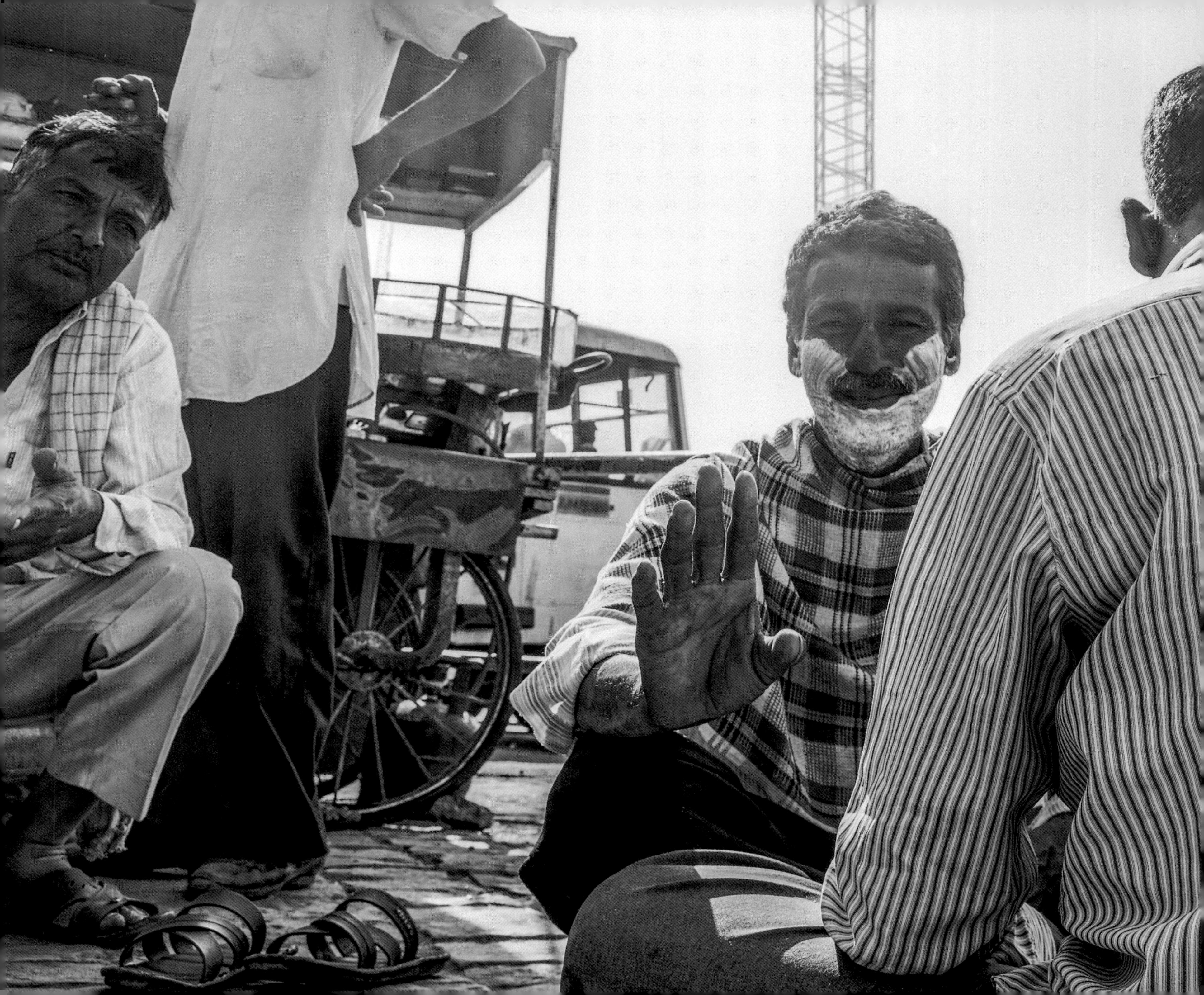

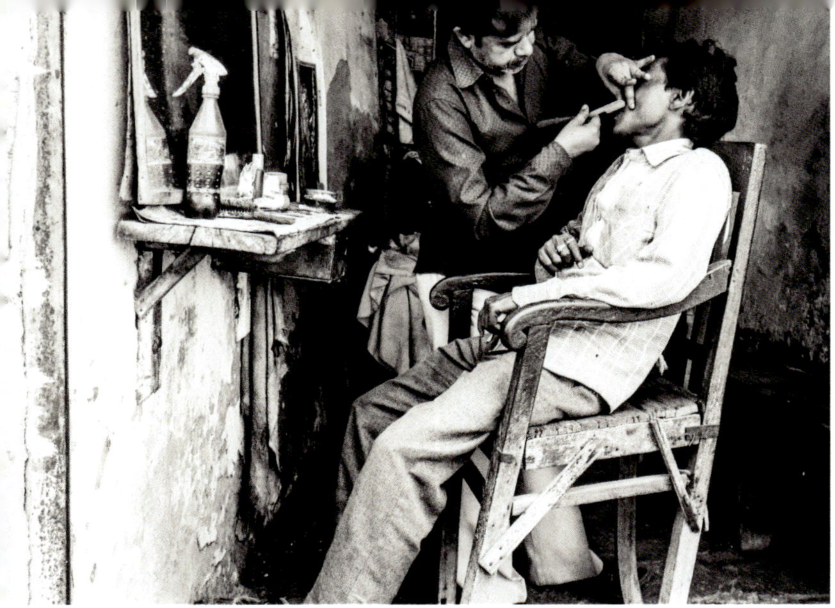

Auch neben dem Taj Mahal gibt es einige Barber, die ihre Arbeit sehr gewissenhaft ausführen. Das Bild unten zeigt einen zufriedenen Kunden.

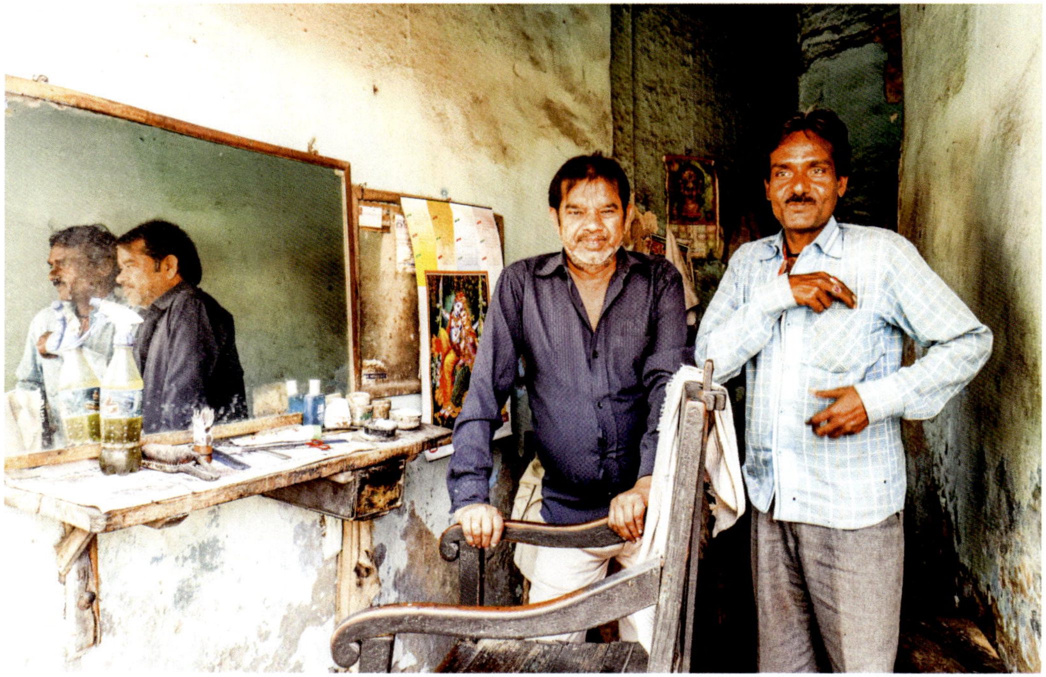

Indien Uttar Pradesh / Agra

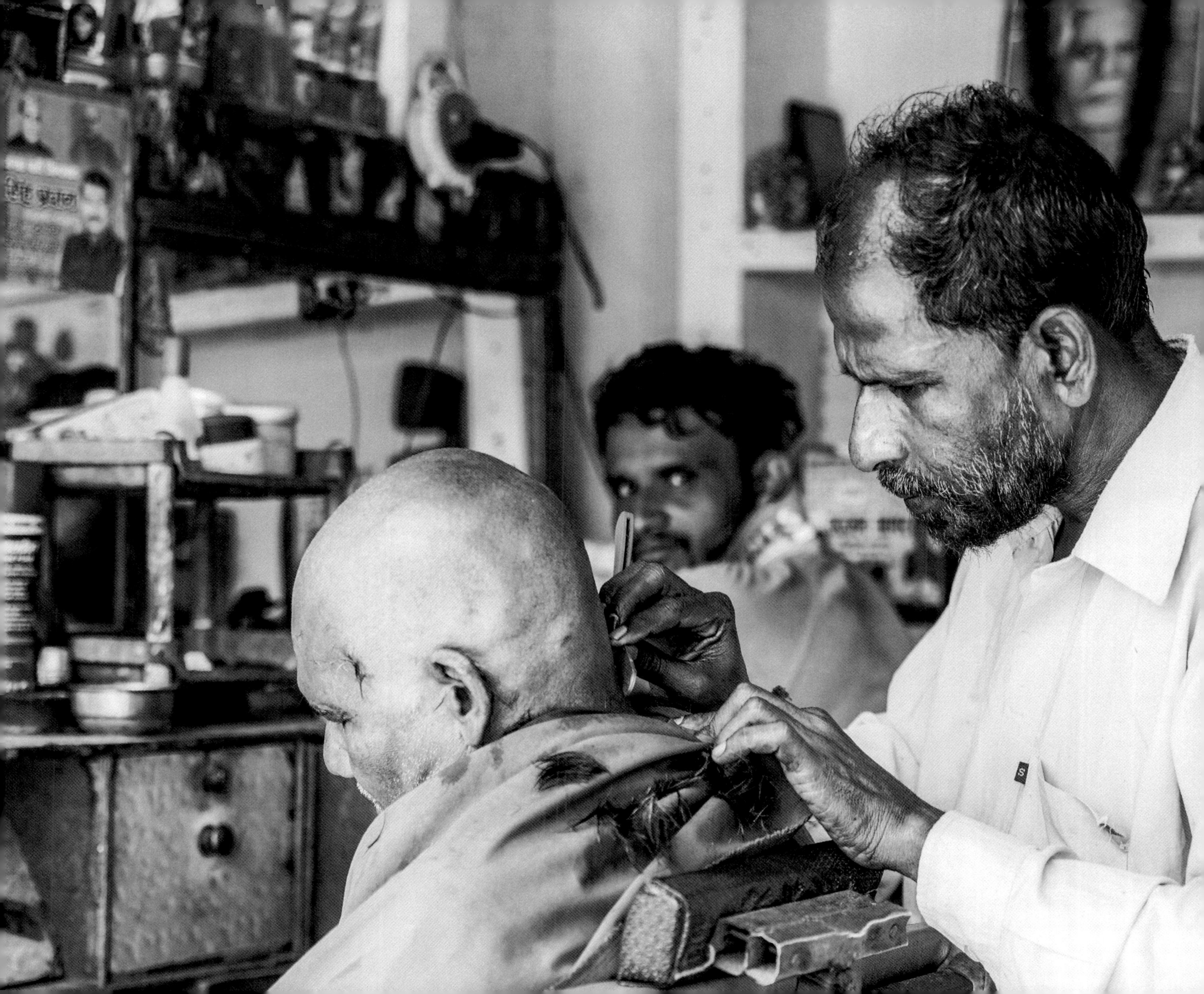

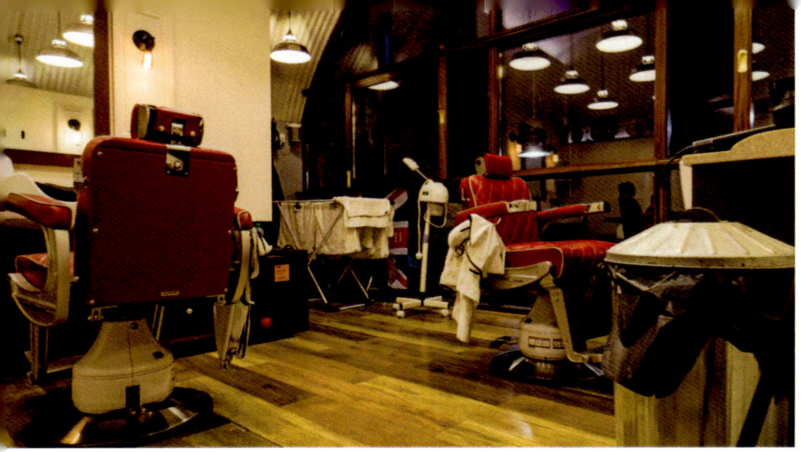

Der klassische Babershop The Groomsmith Gentelmans Barbers ist der Inbegriff des englischen Friseurhandwerks. Auf zwei Etagen in der Nähe der London Bridge befindet sich dieser einzigartige Salon.

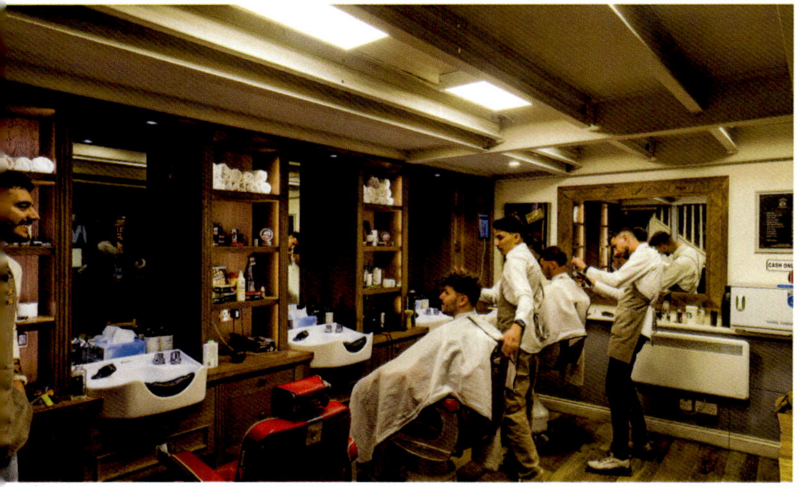

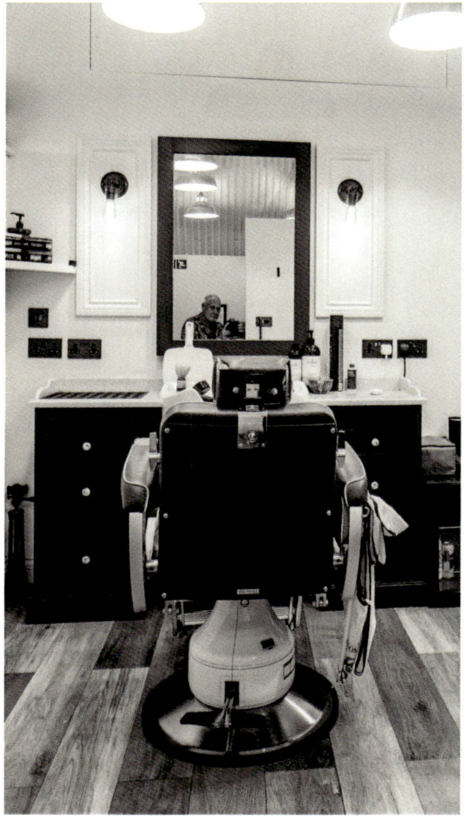

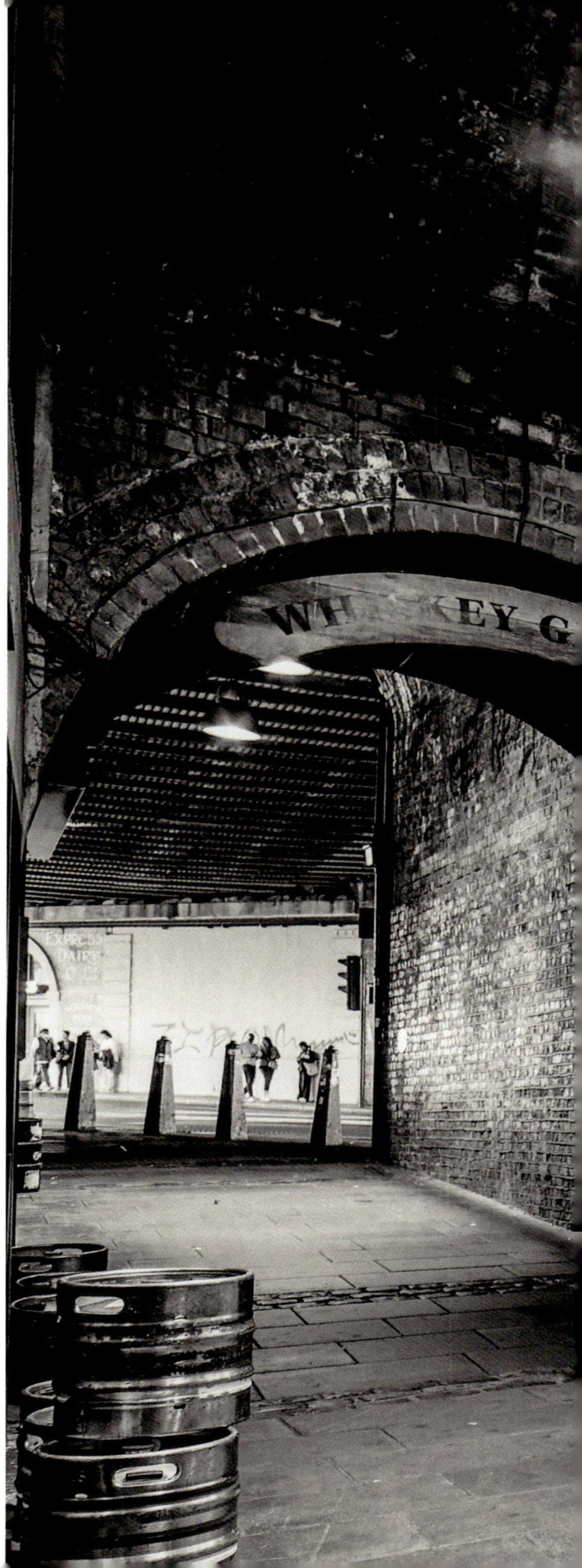

England / London

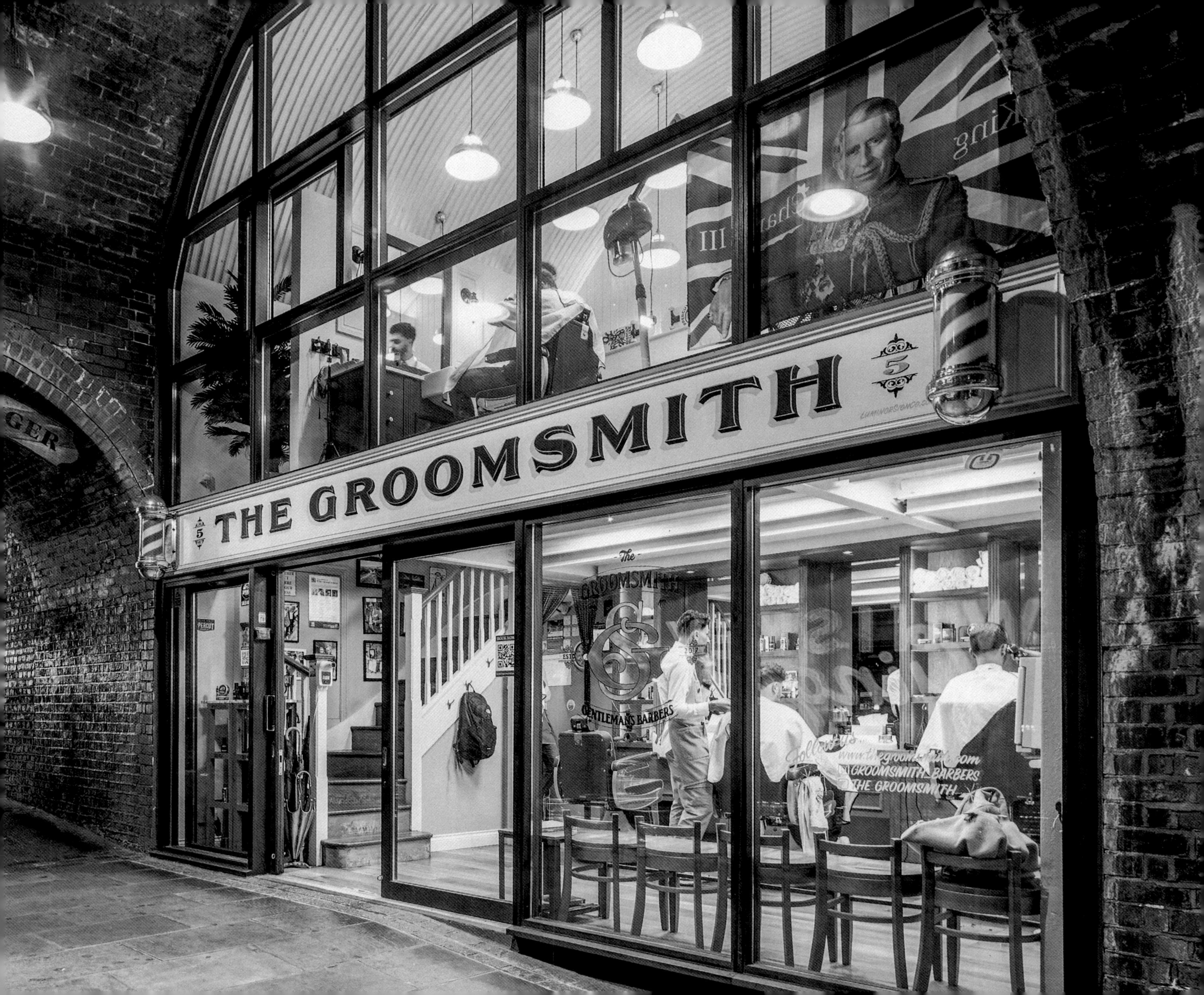
THE GROOMSMITH
GENTLEMAN'S BARBERS
GROOMSMITH_BARBERS
THE GROOMSMITH

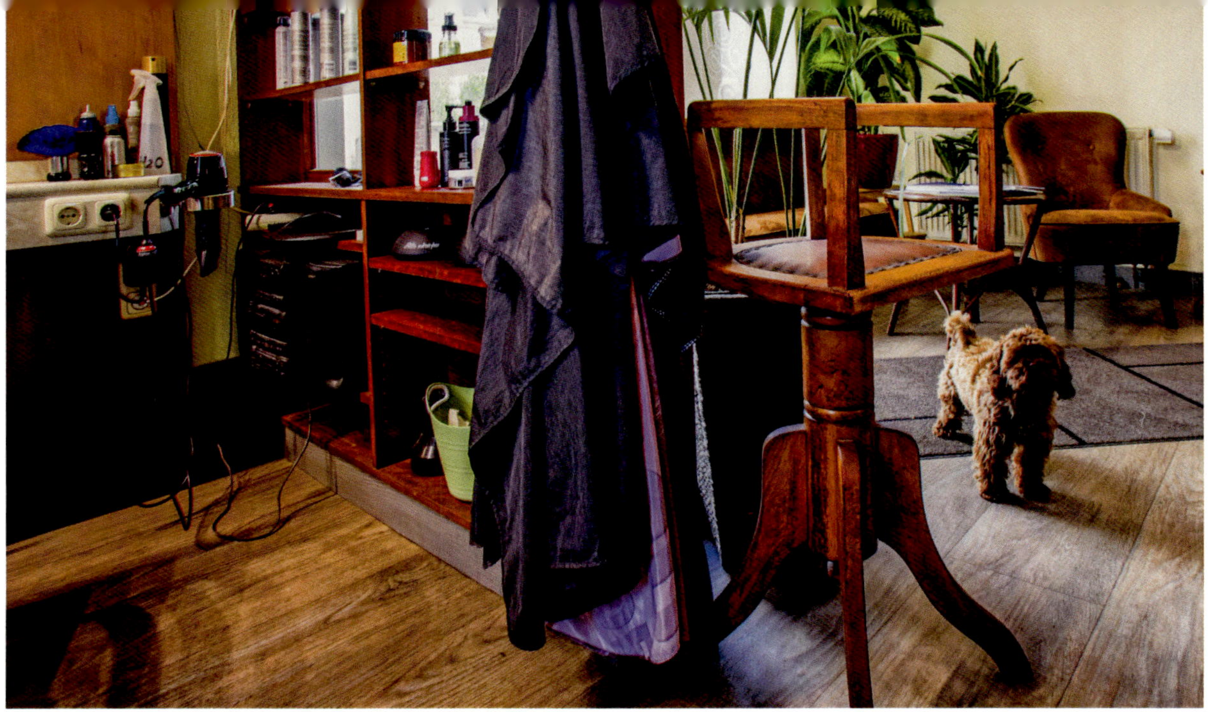

Ein klassischer deutscher Firseursalon
mit dem Flair der 1990er-Jahre.

Der Salon Koroleski ist ein kleiner,
aber feiner Salon mit „Wachhund“
im Dresdner Stadtteil Mickten.

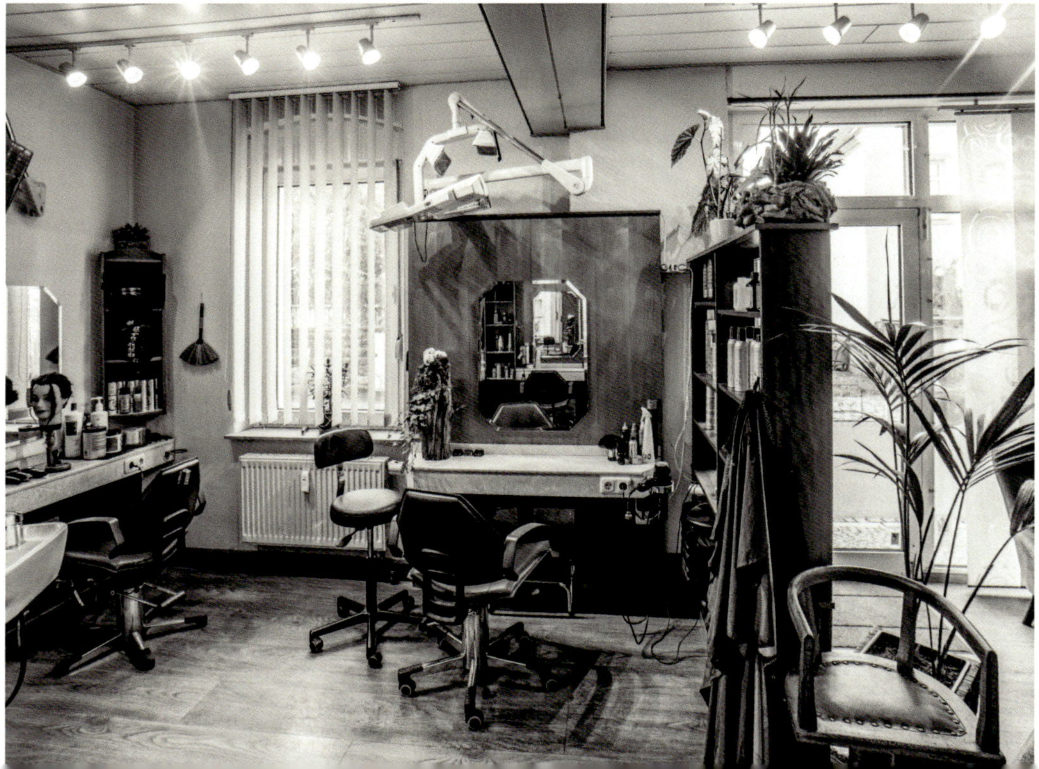

Deutschland / Dresden

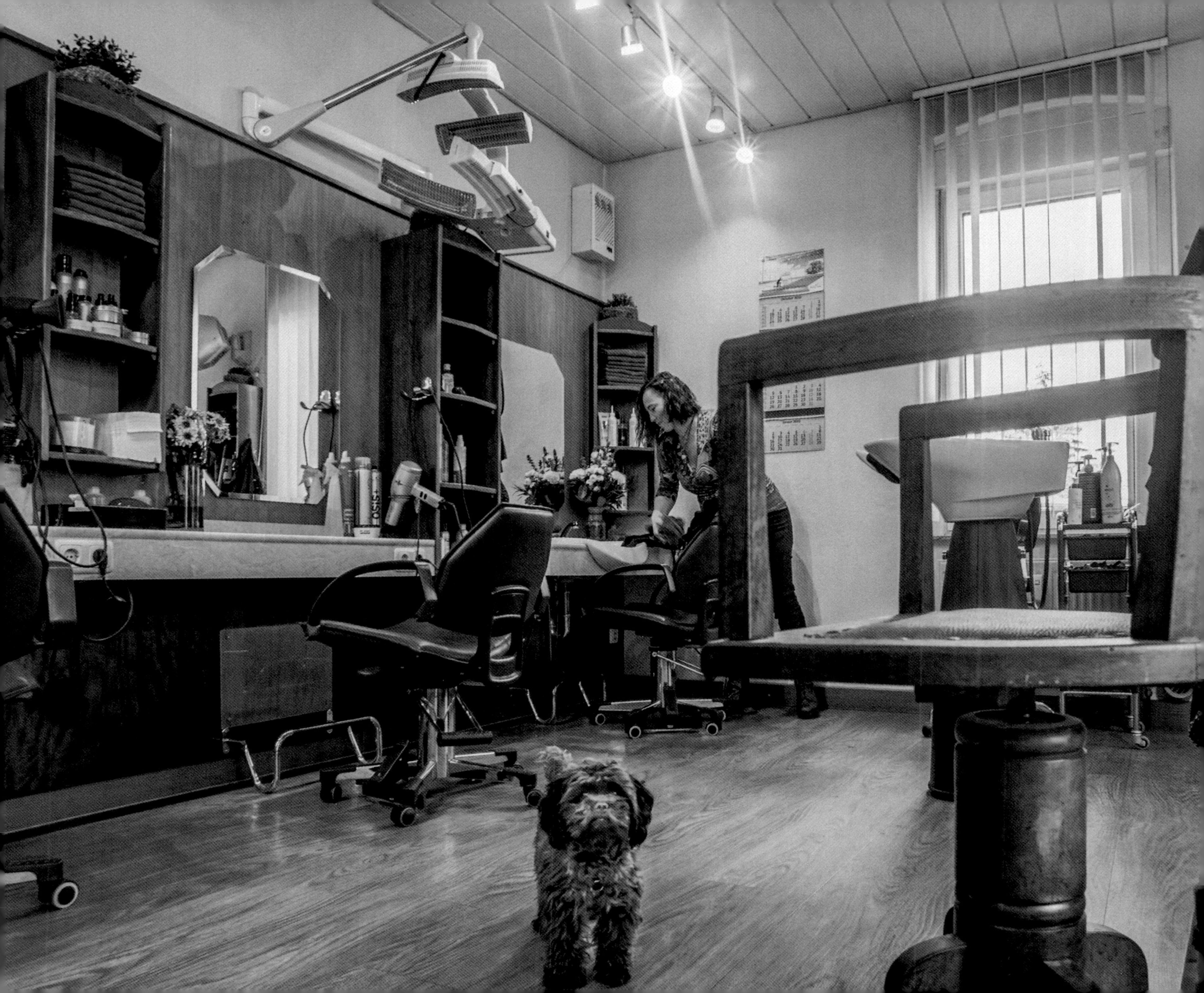

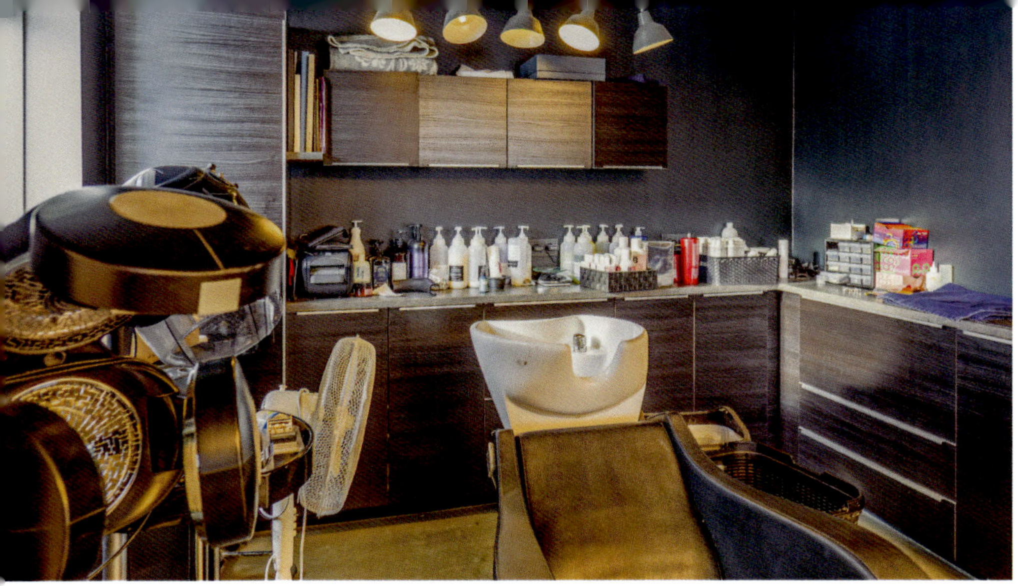

In der beschaulichen Stadt Akureyri am Südende
des Eyjafjörður befindet sich dieser kleine Haarsalon.
In den Norden Islands verirren sich Fremde nur
äußerst selten und man kennt sich hier.

Island / Akureyri

23/24

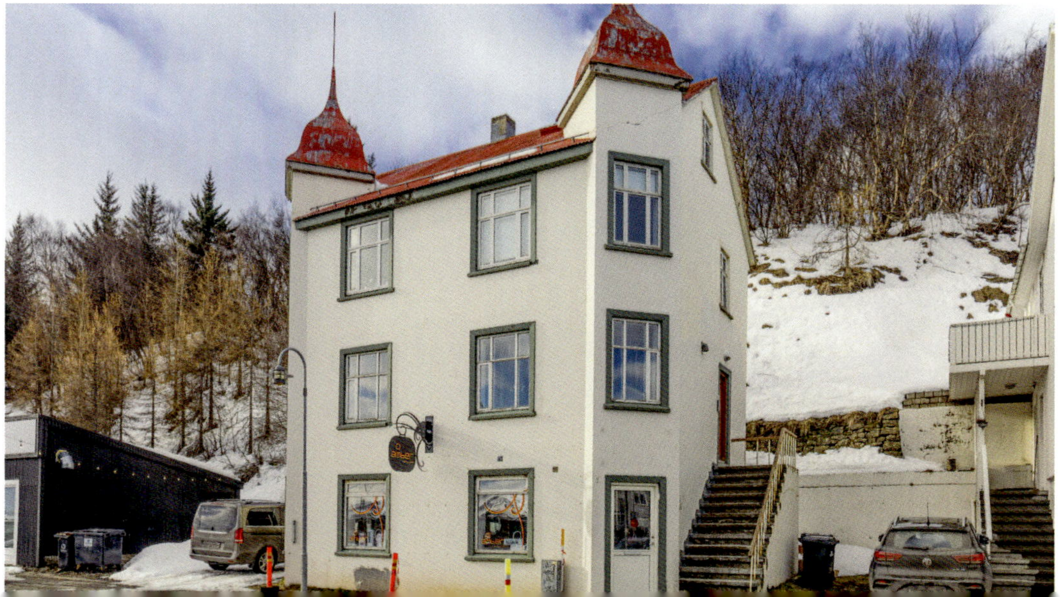

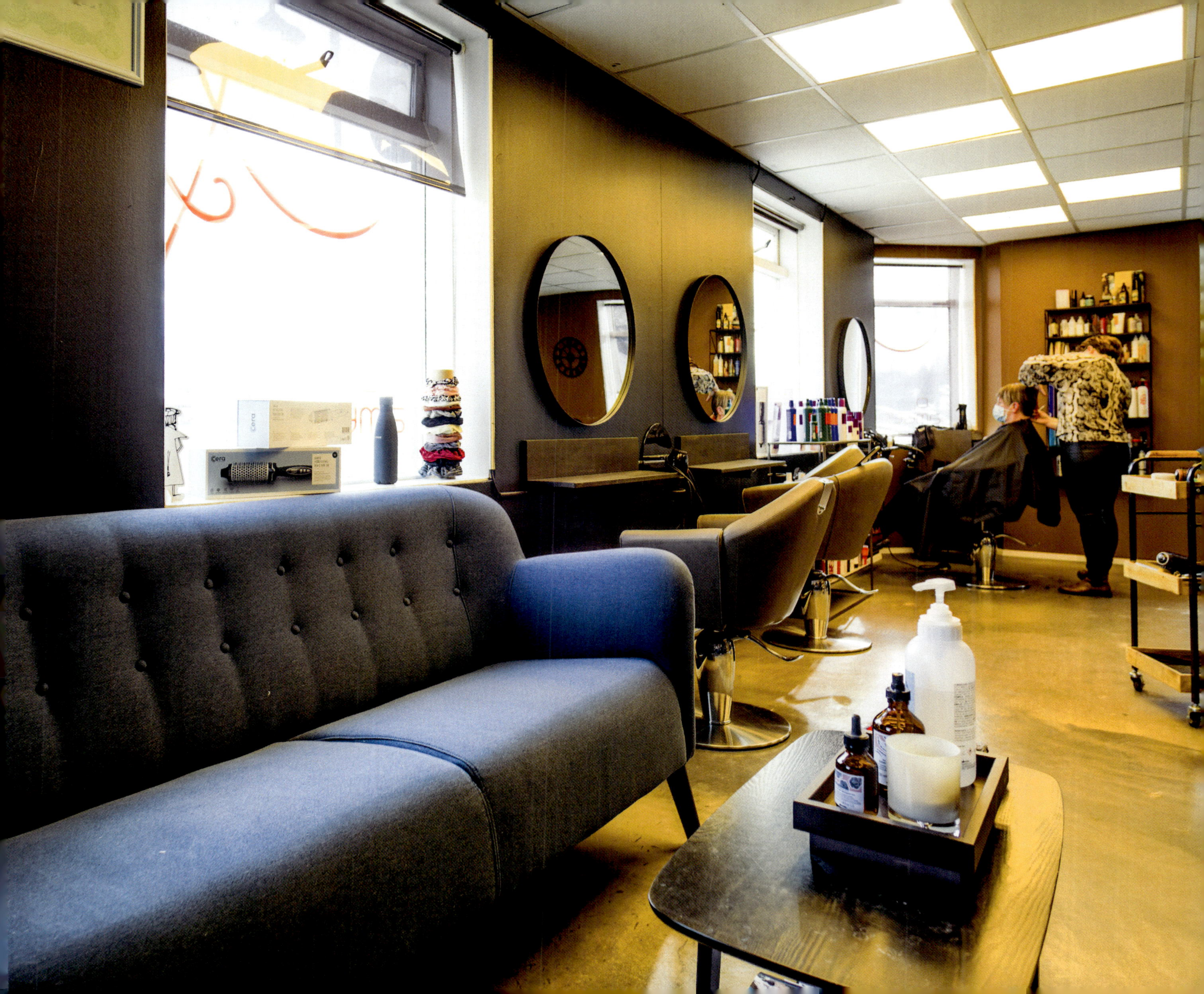

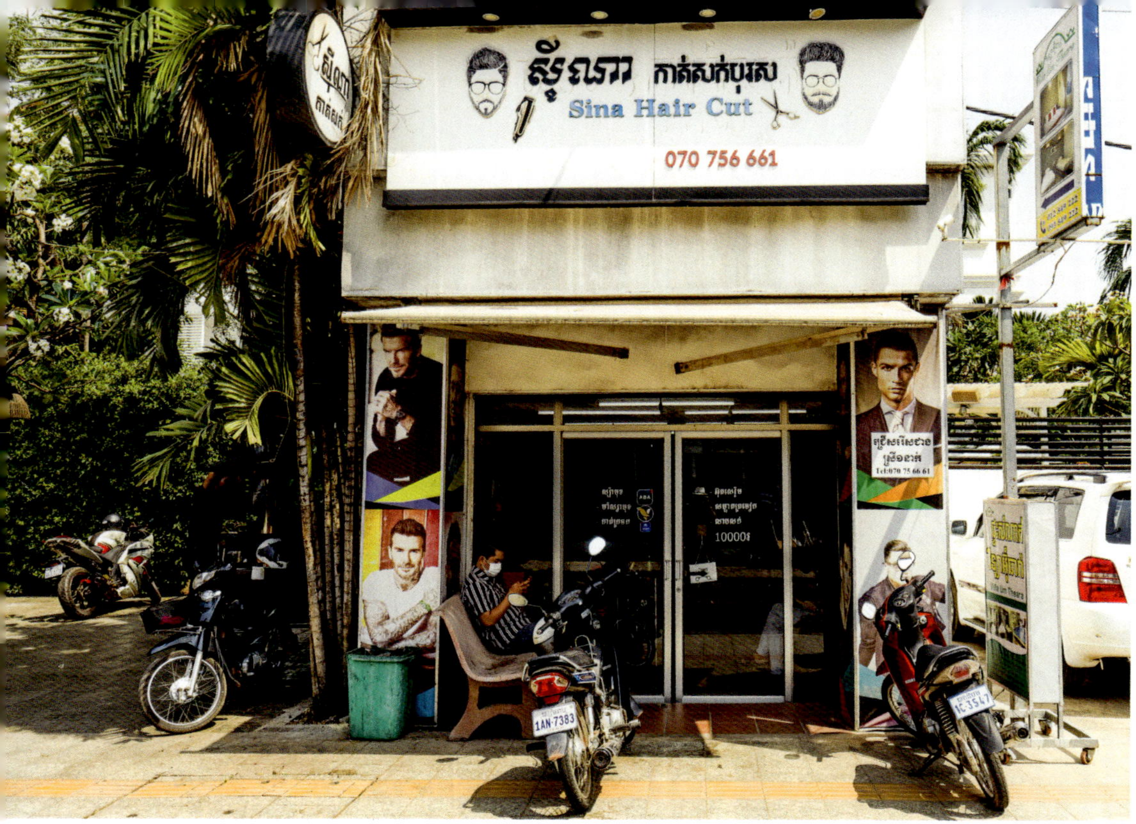

Die Stadt Siem Reap ist nicht so berühmt,
wie das in der Nähe liegende
Weltkulturerbe Angkor Wat.
Aber Sina Hair Cut ist ein phantastischer
landestypischer Salon.

Kambodscha / Siem Reap

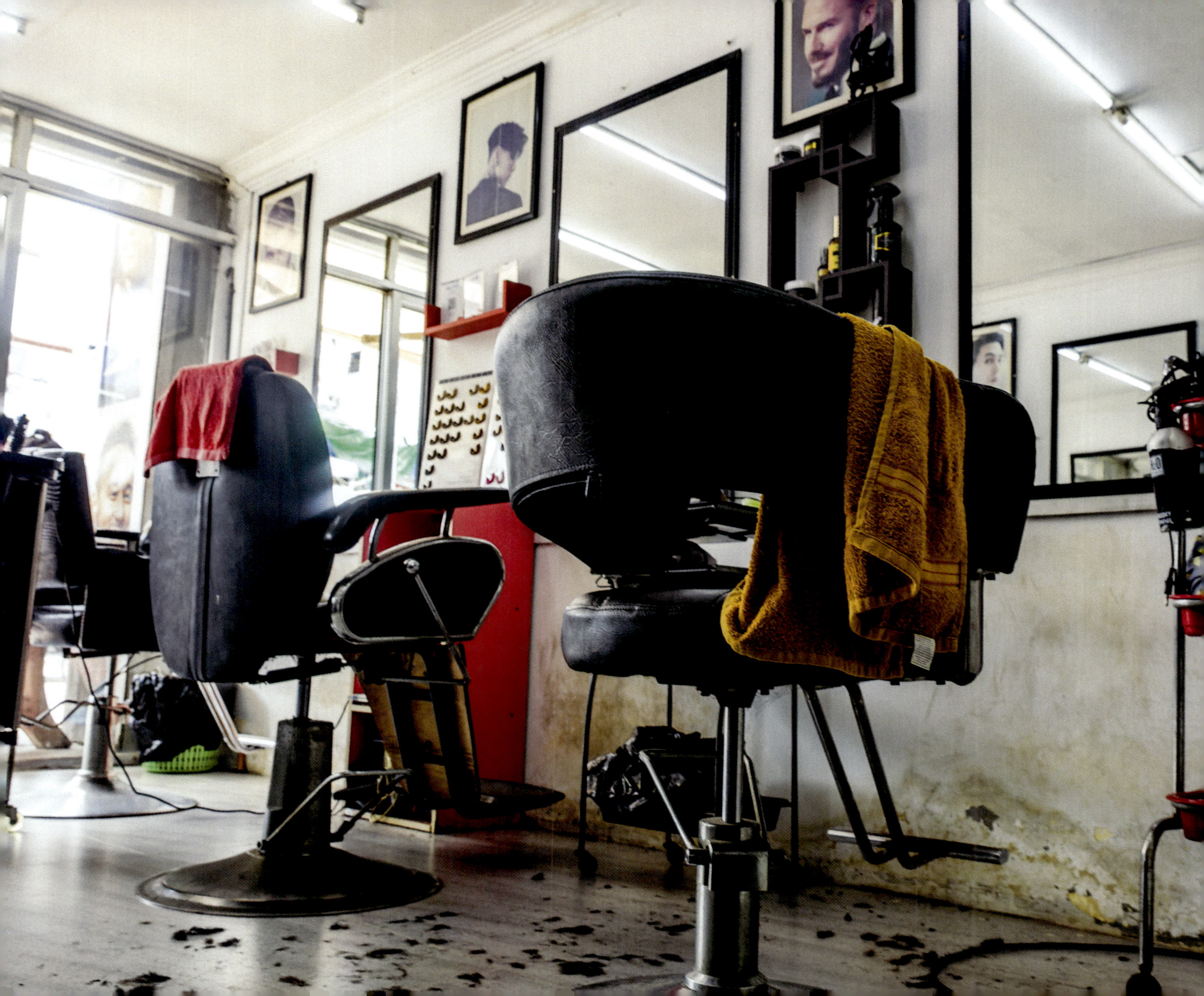

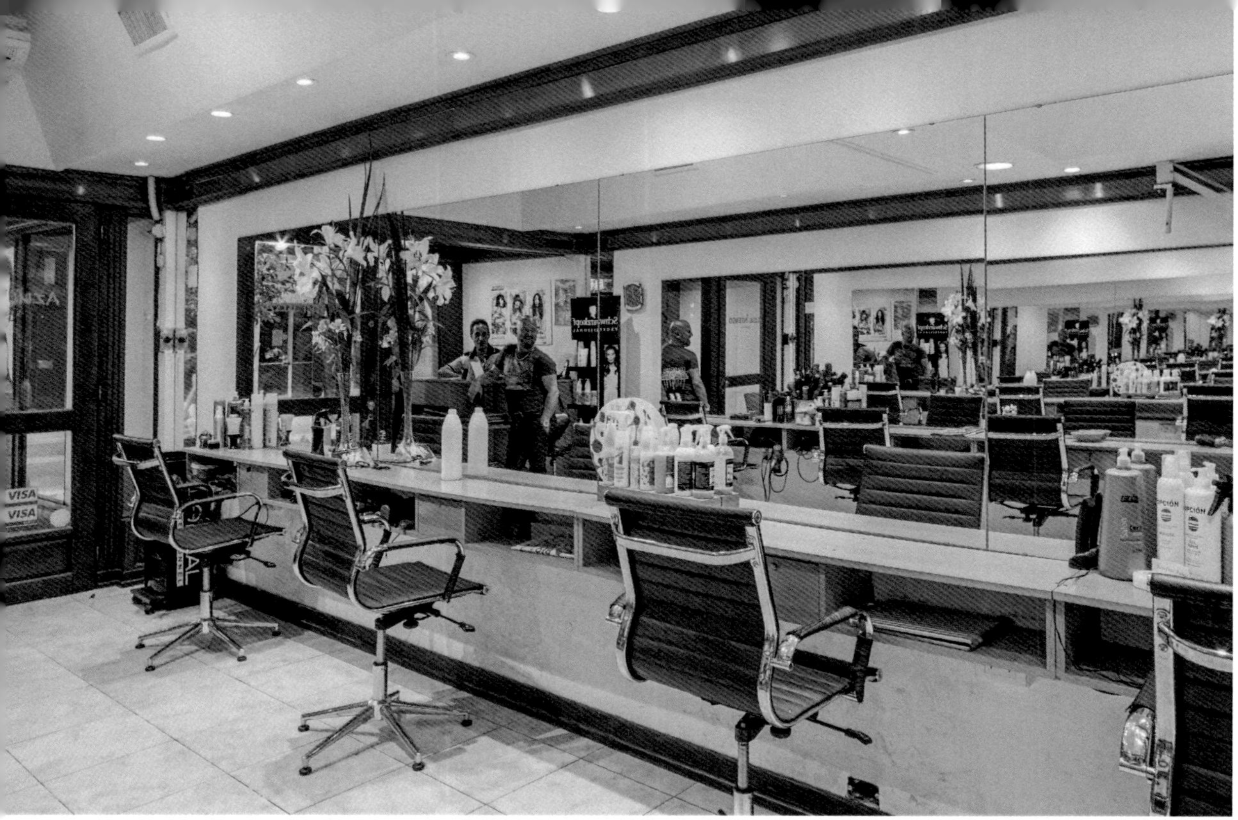

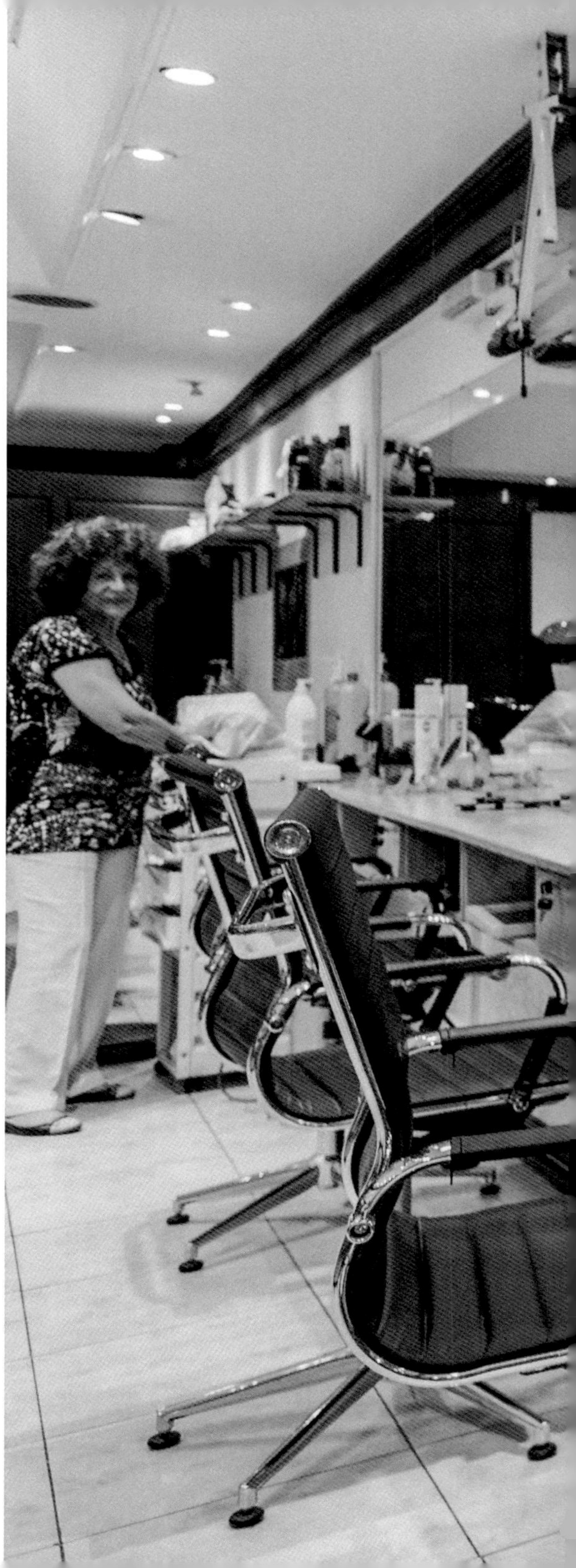

Argentinien / Buenos Aires

Gaaaaaanz viele Bürsten
bei Eduardo Fernandez

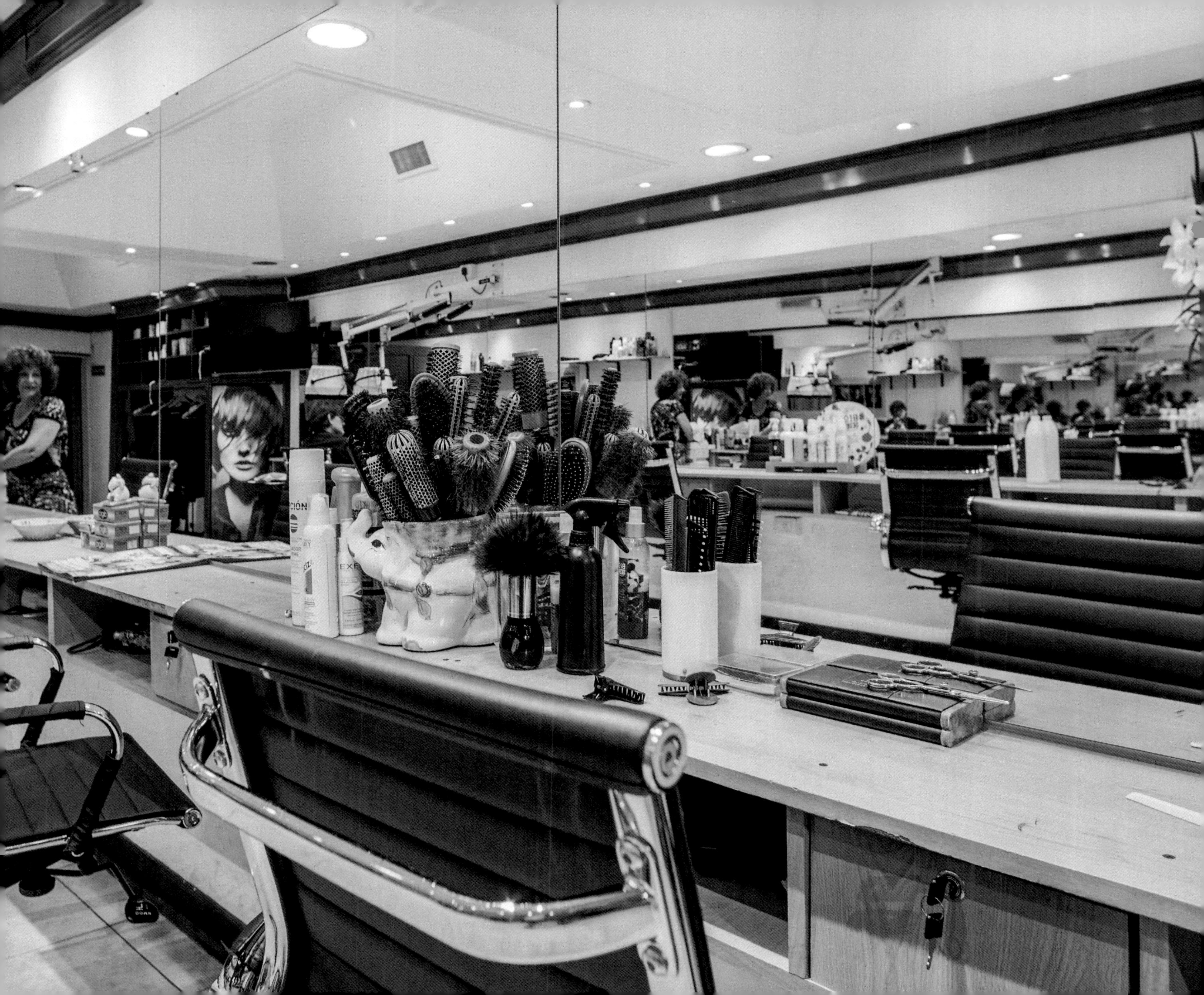

Upper Cutz, ein Salon in der Uxmal 24 ist stylish eingerichtet und entspricht dem „way of living".

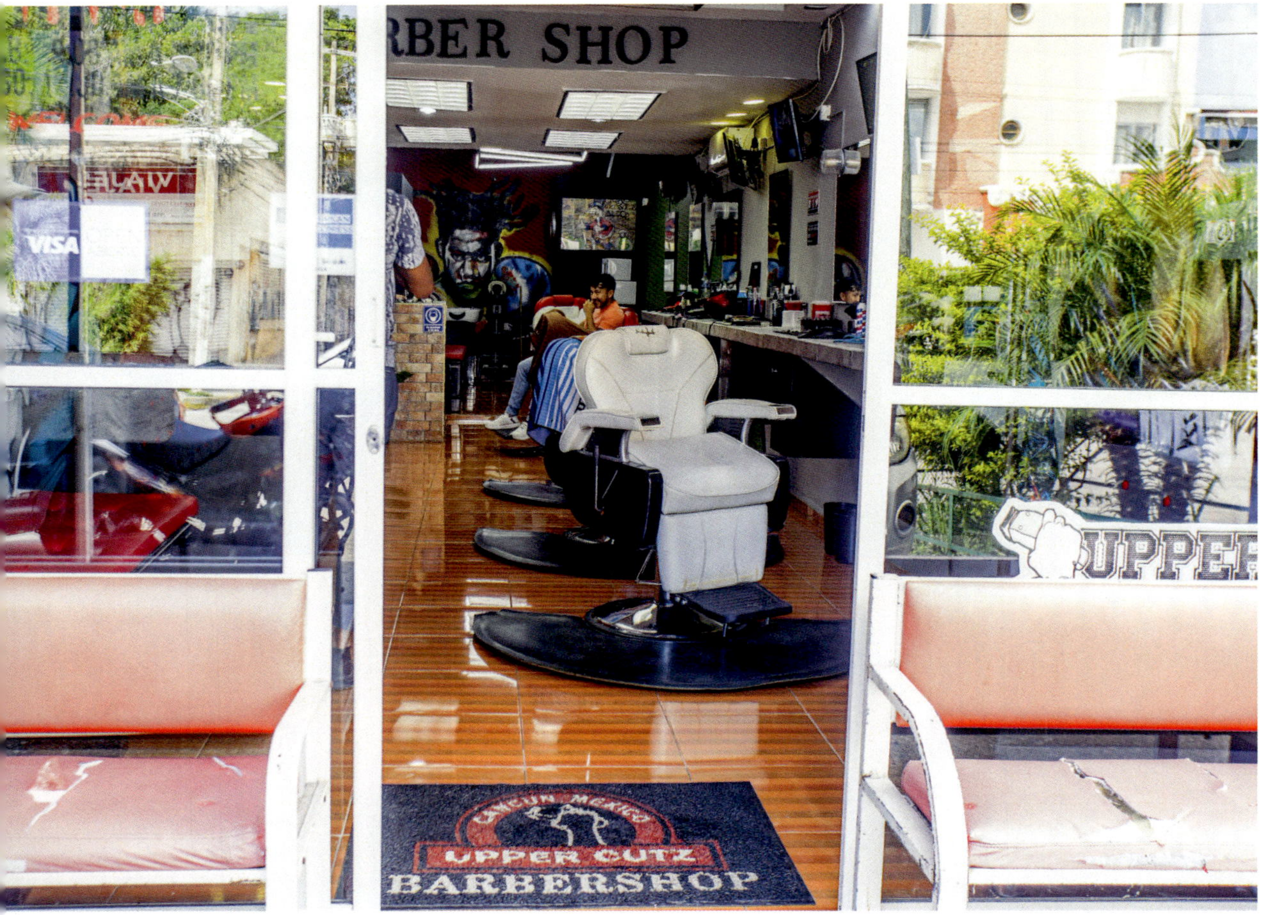

Mexiko / Cancun

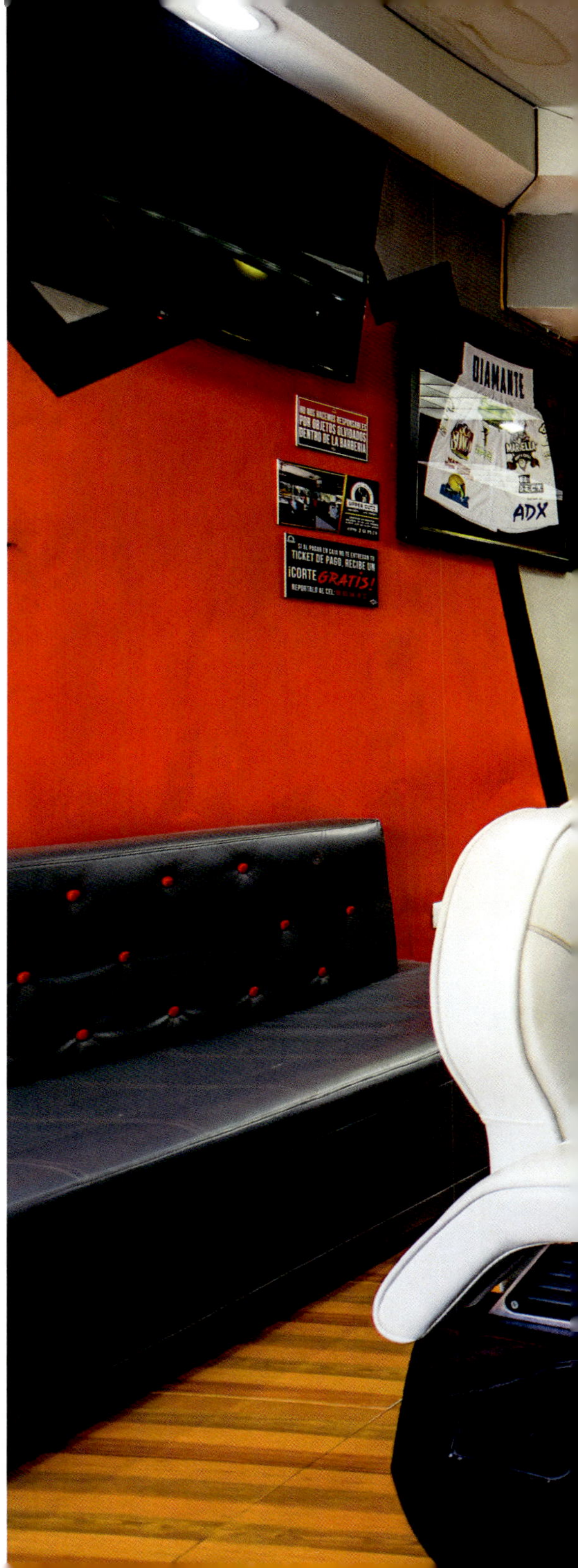

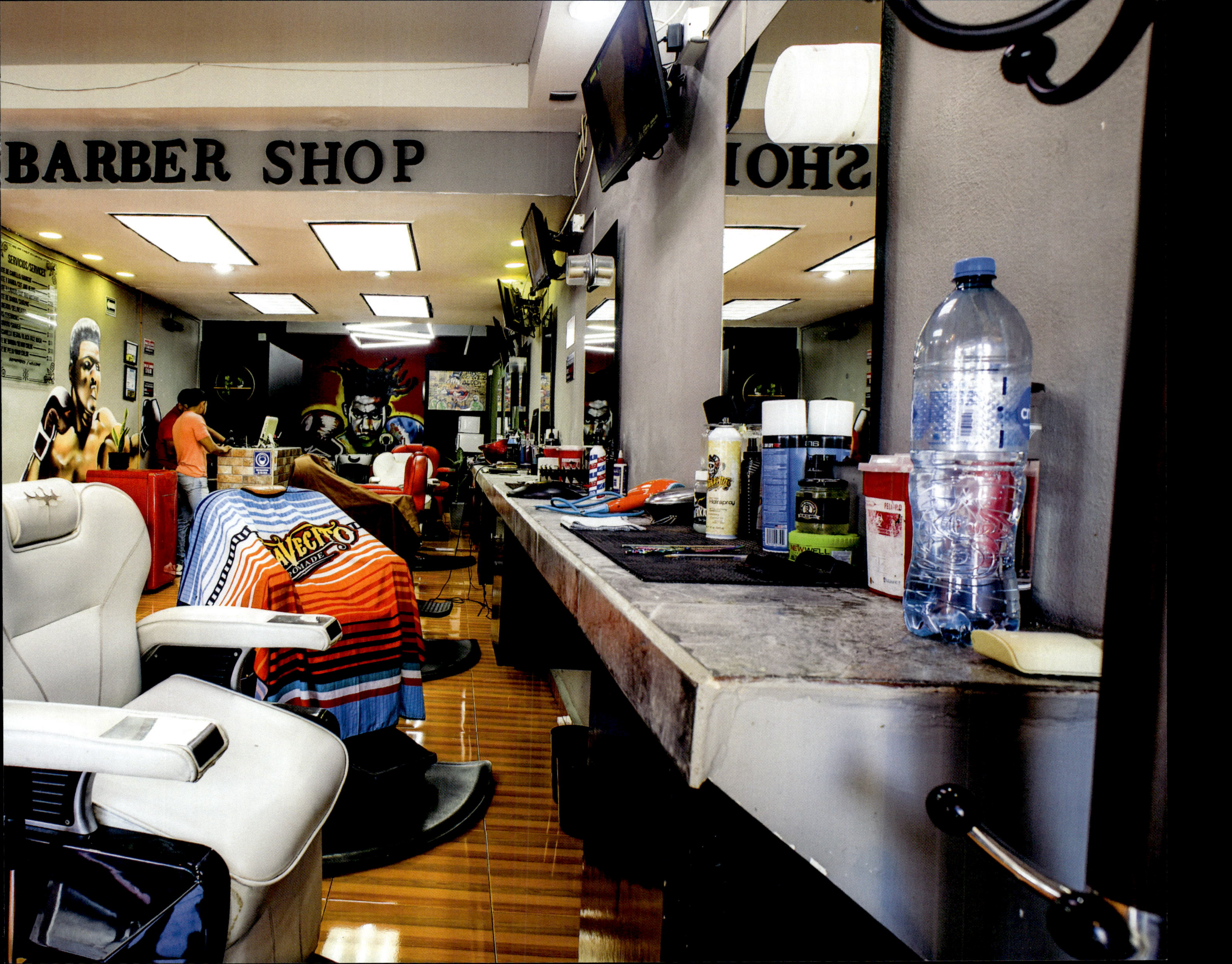
BARBER SHOP

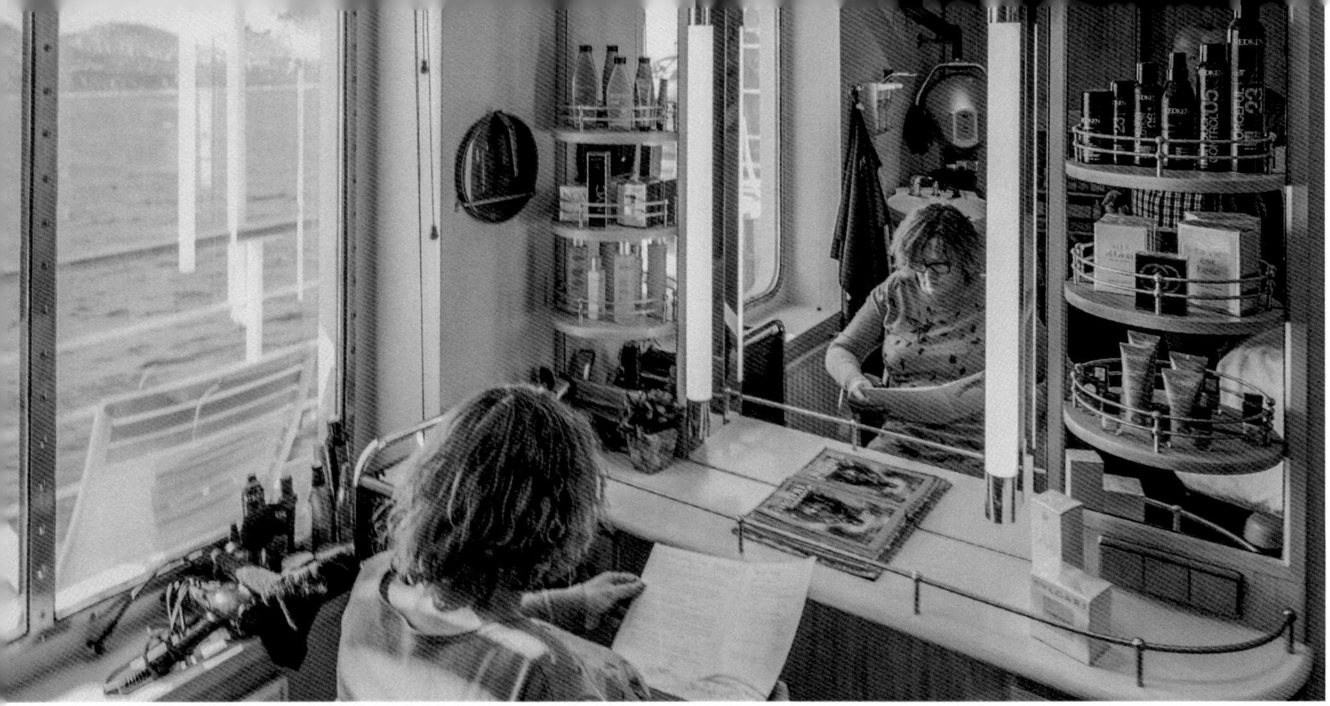

So läßt man sich gern frisieren: mitten im Nirgendwo mit toller Aussicht.
Der kleine Friseursalon ist auf dem Schiff und aktuell vor der James Ross Insel in der Nähe der Mendel Polar Station.

Antarktis / 63°54'56.6"S
57°33'39.8"W

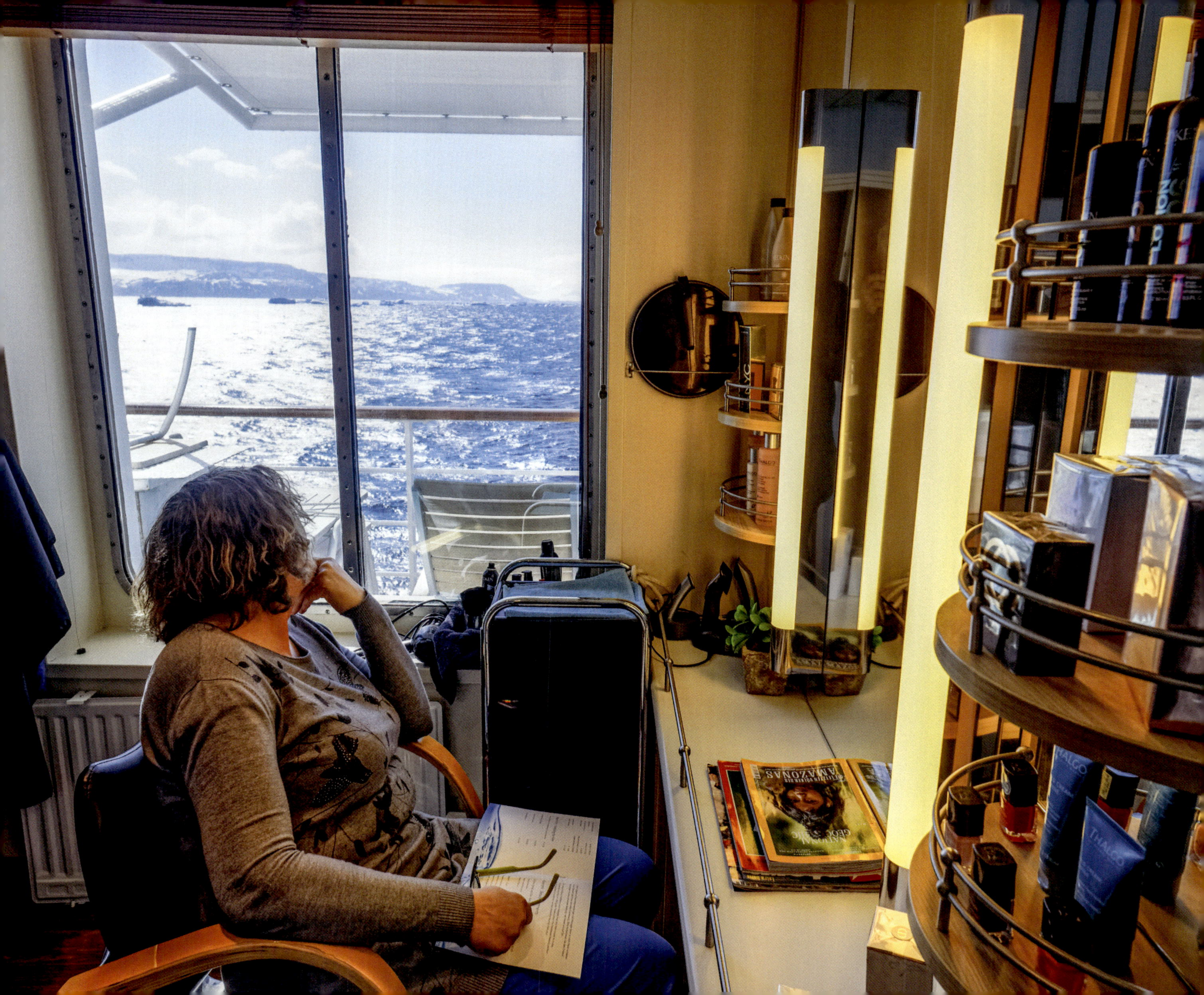
AMAZONAS
THALGO

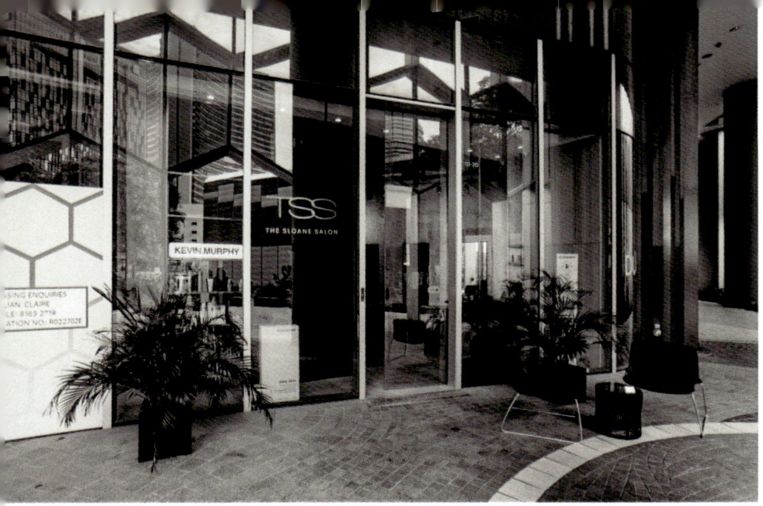

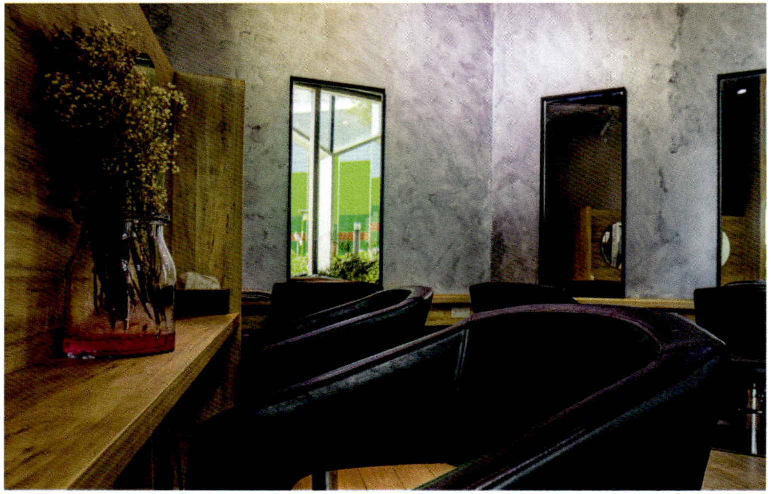

Singapur ist eine der saubersten Städte dieser Welt und die Einrichtung des TSS The Solane Salon ist minimalistisch modern.

Singapur / Singapur Central Region

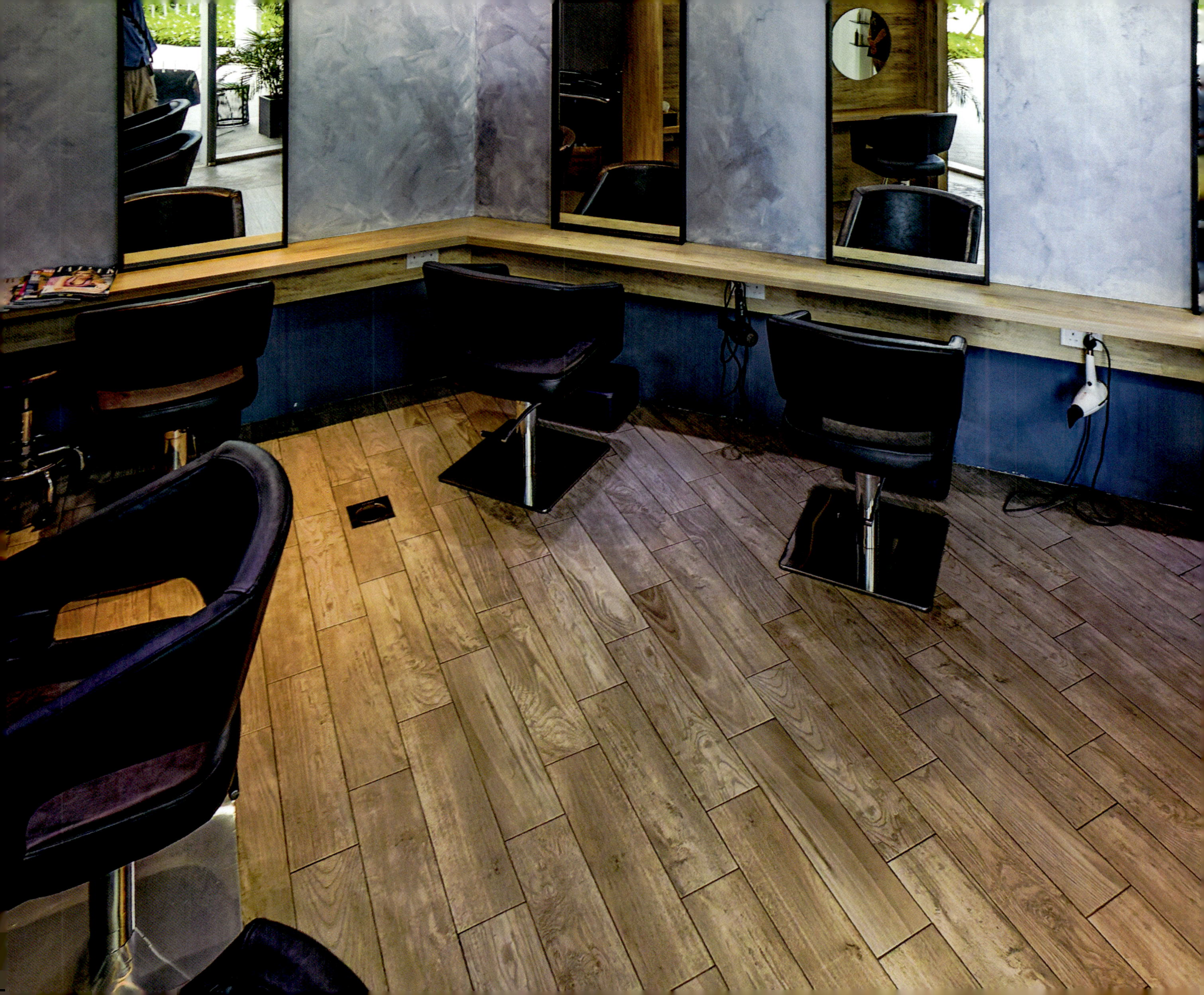

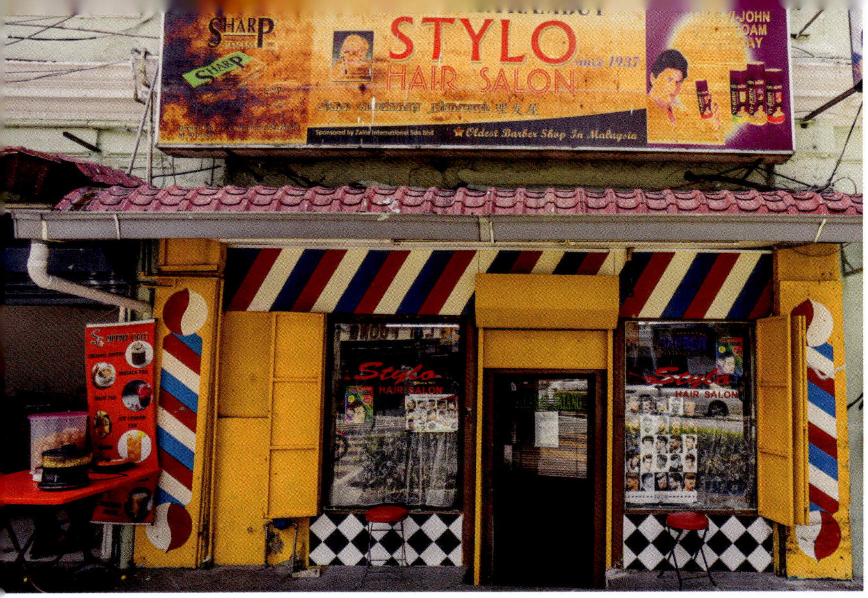

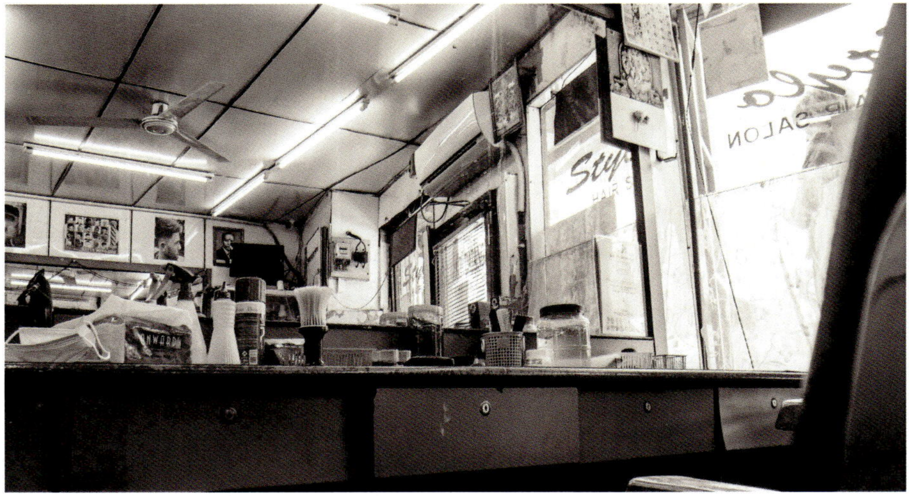

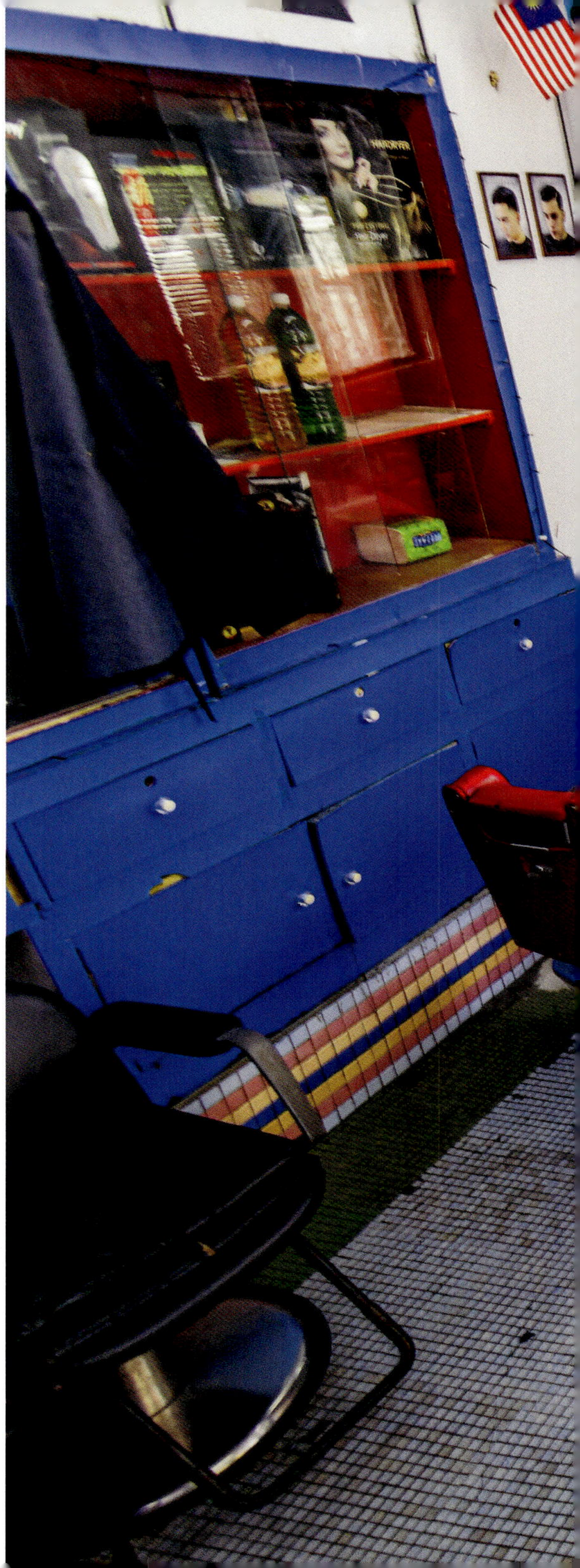

Malaysia / Kuala Lumpur

Hier habe ich doch tatsächlich den ältesten Friseursalon in Malaysia gefunden. Er besteht seit dem Jahre 1937.

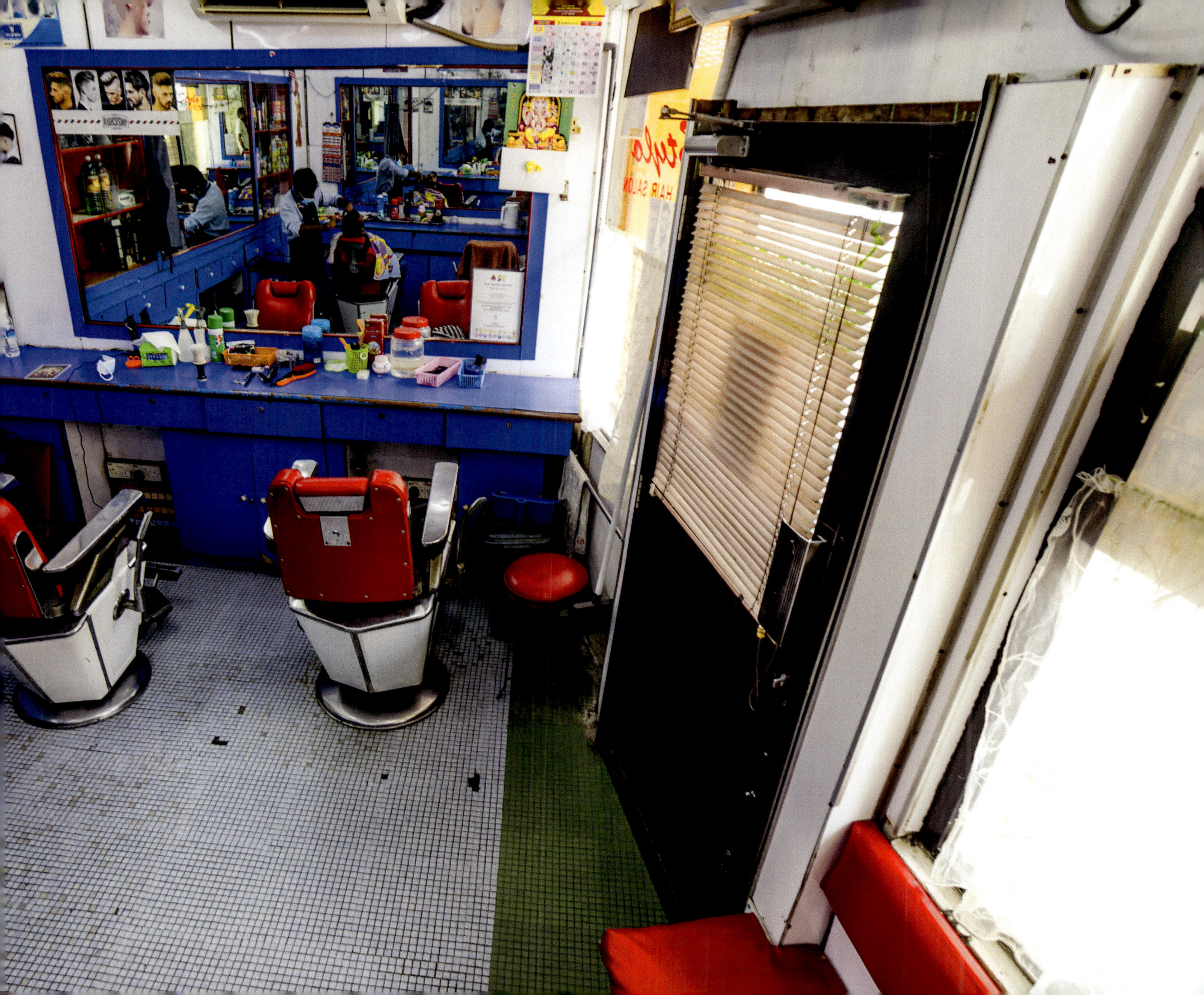

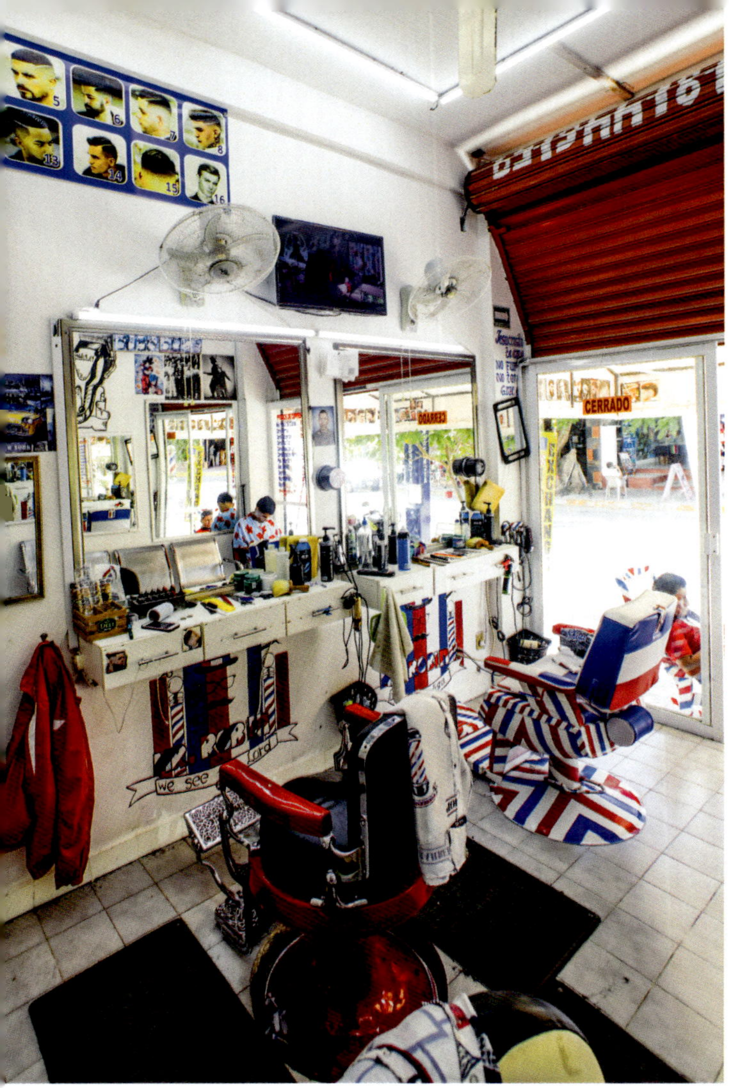

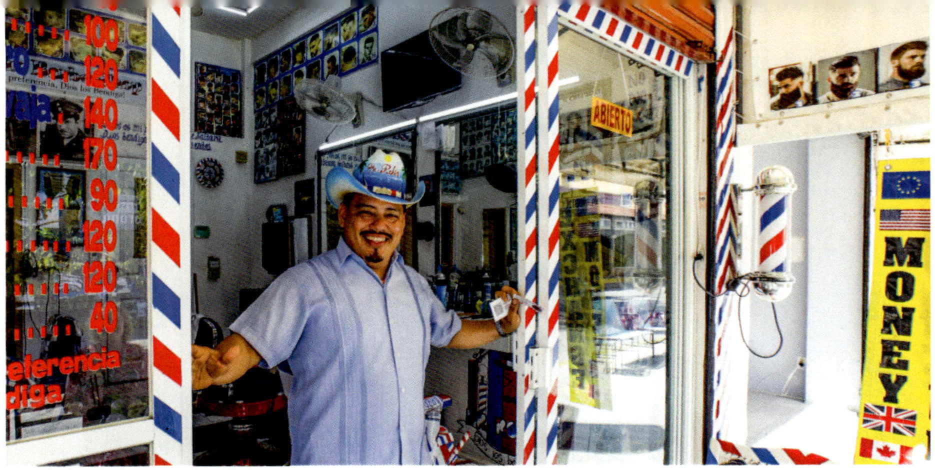

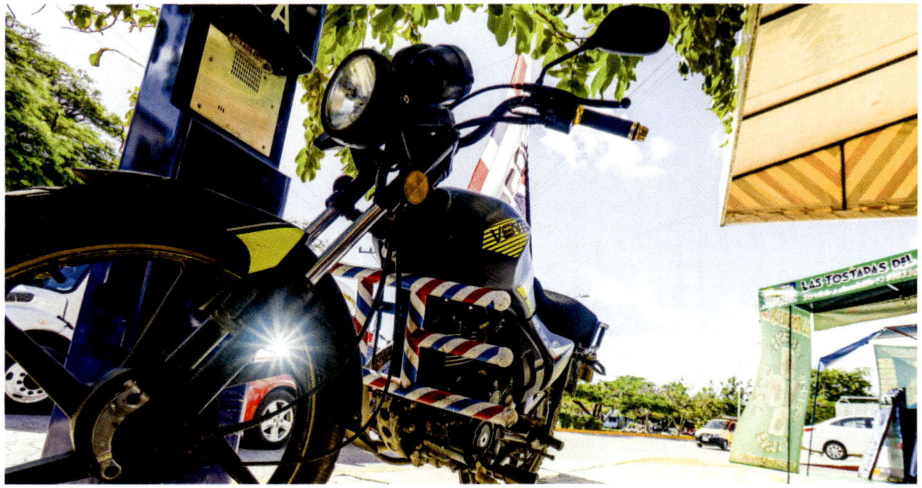

Mexiko/ Cancun

Mr. Robin ist bestens informiert über Gott und die Welt..... und das in allen Einzelheiten. Man braucht viel Zeit in seinem Salon, um über alle Themen zu diskutieren. Sonntags fährt er mit seinem stylischen „Barberbike“ durch Cancun.

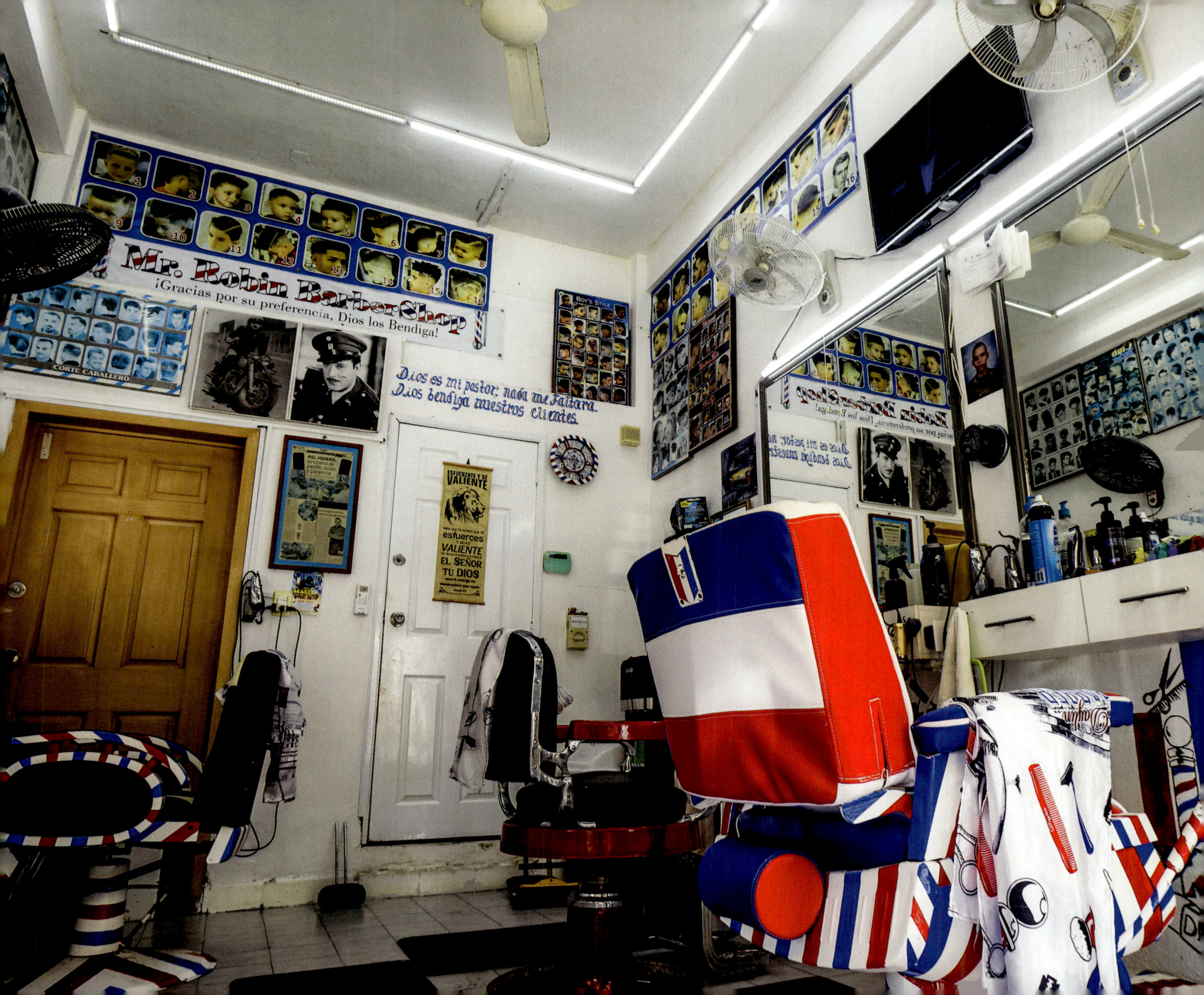
Mr. Robin BarberShop
¡Gracias por su preferencia, Dios los Bendiga!
CORTE CABALLERO
BOY'S STYLE
Dios es mi pastor; nada me Faltara.
Dios bendiga nuestros clientes.
ESFUERZATE Y SE VALIENTE
esfuerces
Y SEAS
VALIENTE
EL SEÑOR
TU DIOS

Auch Santa Claus braucht einen Friseur. Leider war er nicht da, ich habe aber seine Postanschrift herausgefunden.

Santa Claus
101 St. Nicholas Drive
99705 North Pole
Alaska

Jeder Brief wird beantwortet!

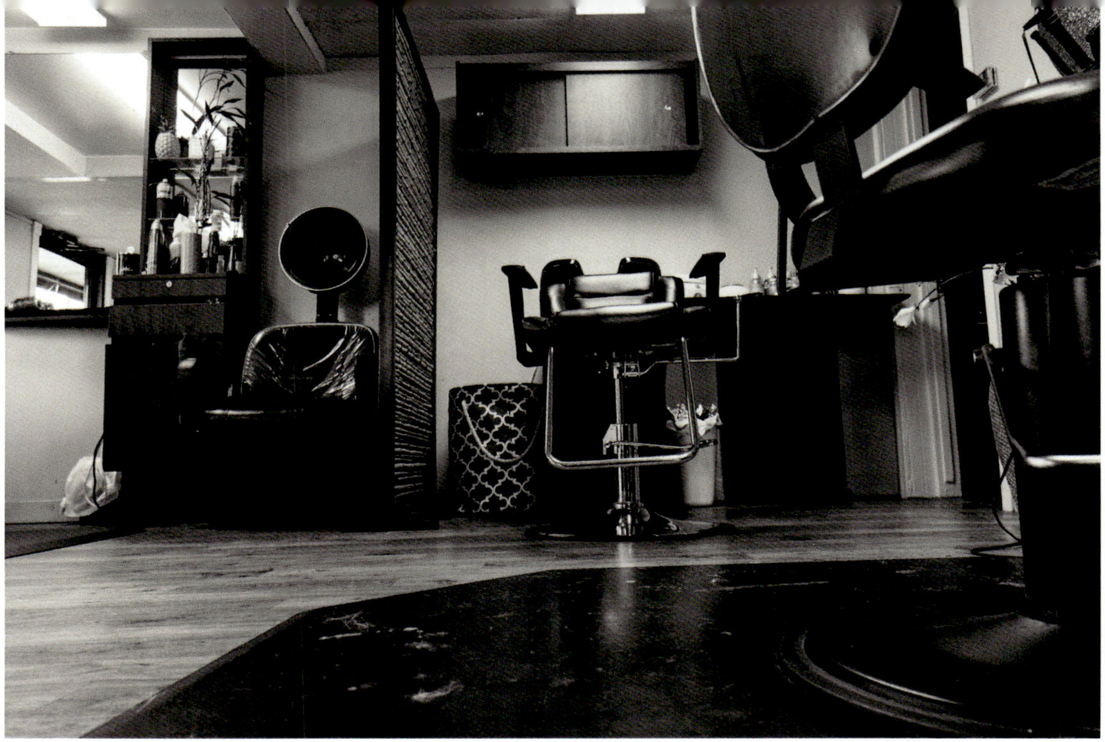

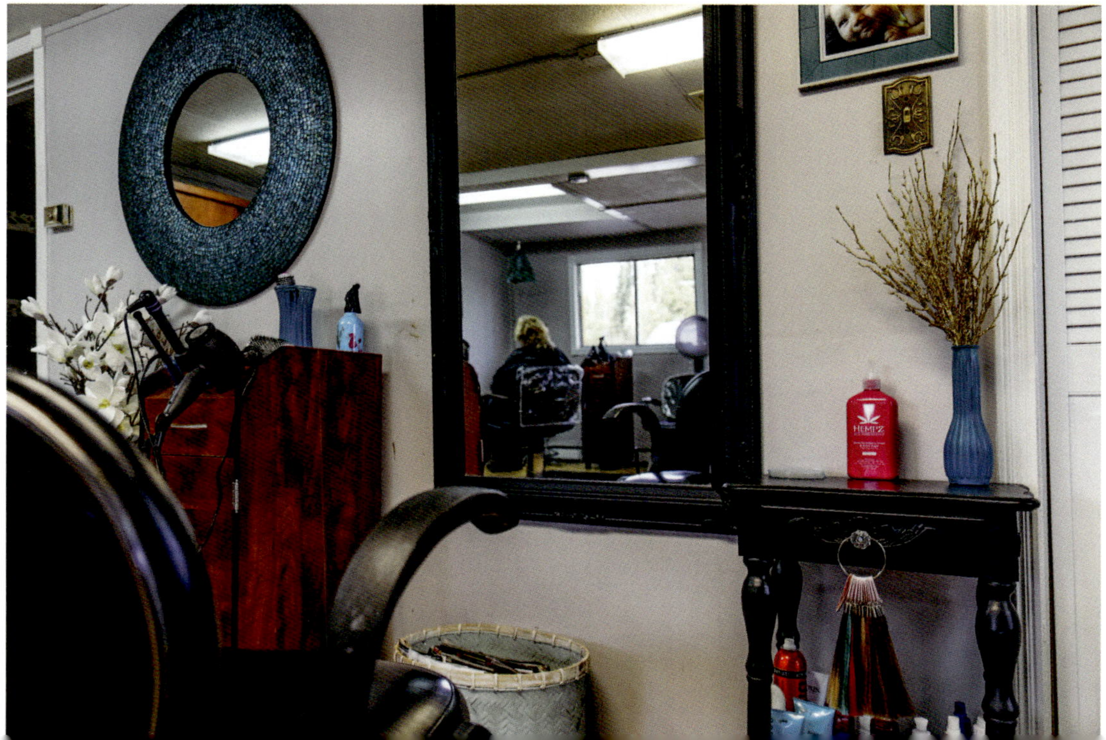

Alaska / North Pole

39/40

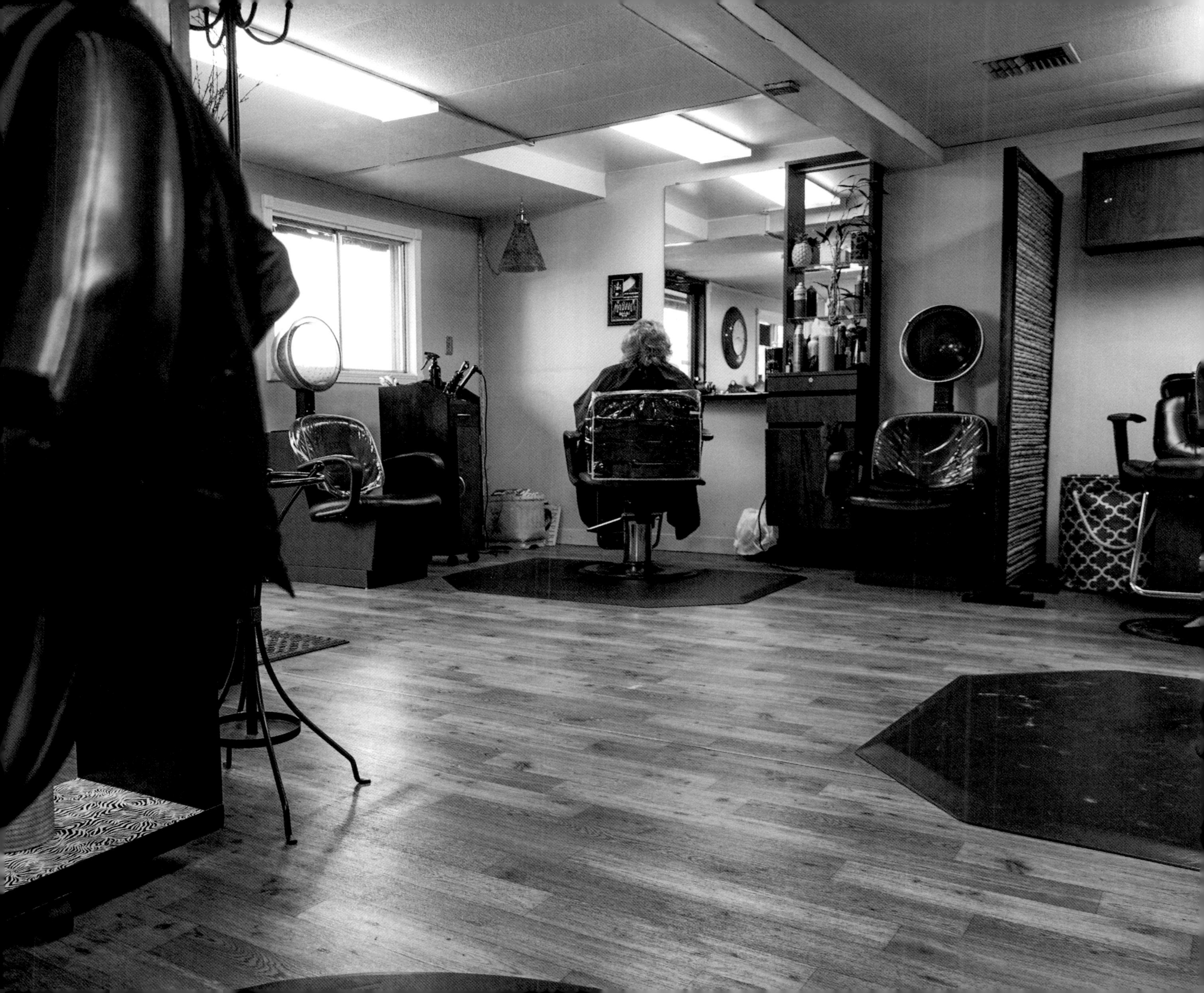

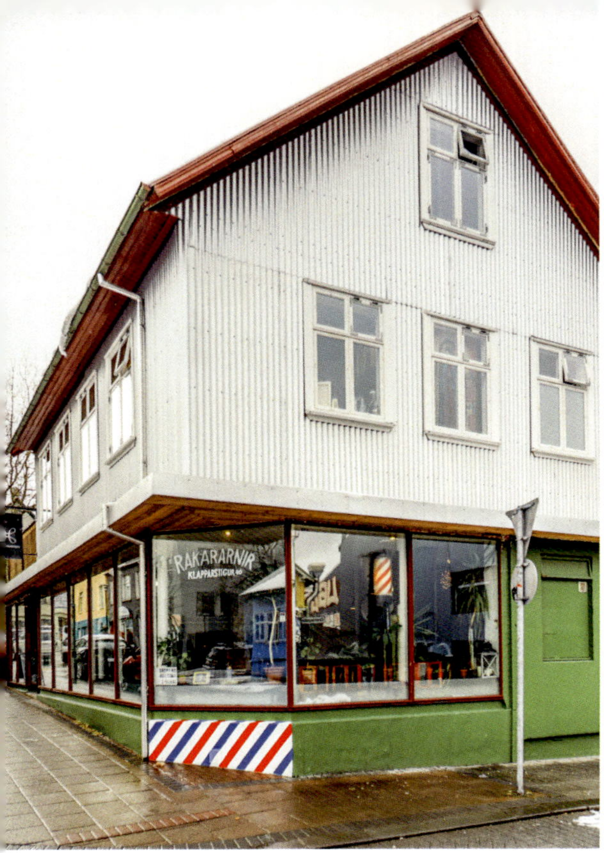

In Islands Hauptstadt herrscht
immer ein Stück Gemütlichkeit,
wie in der Wohnstube eben.

Island /Reykjavík

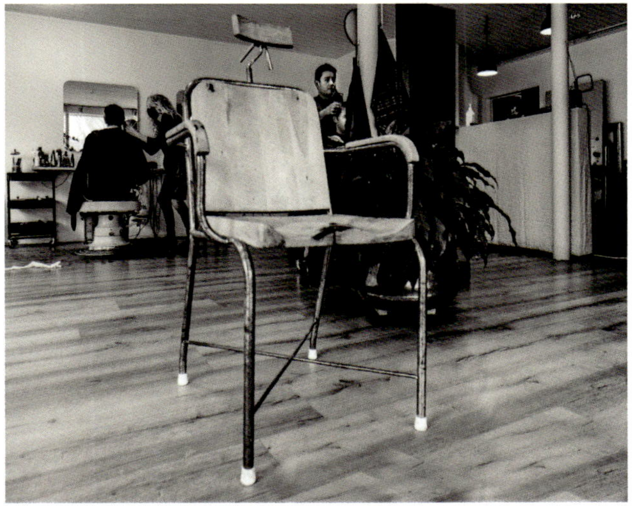

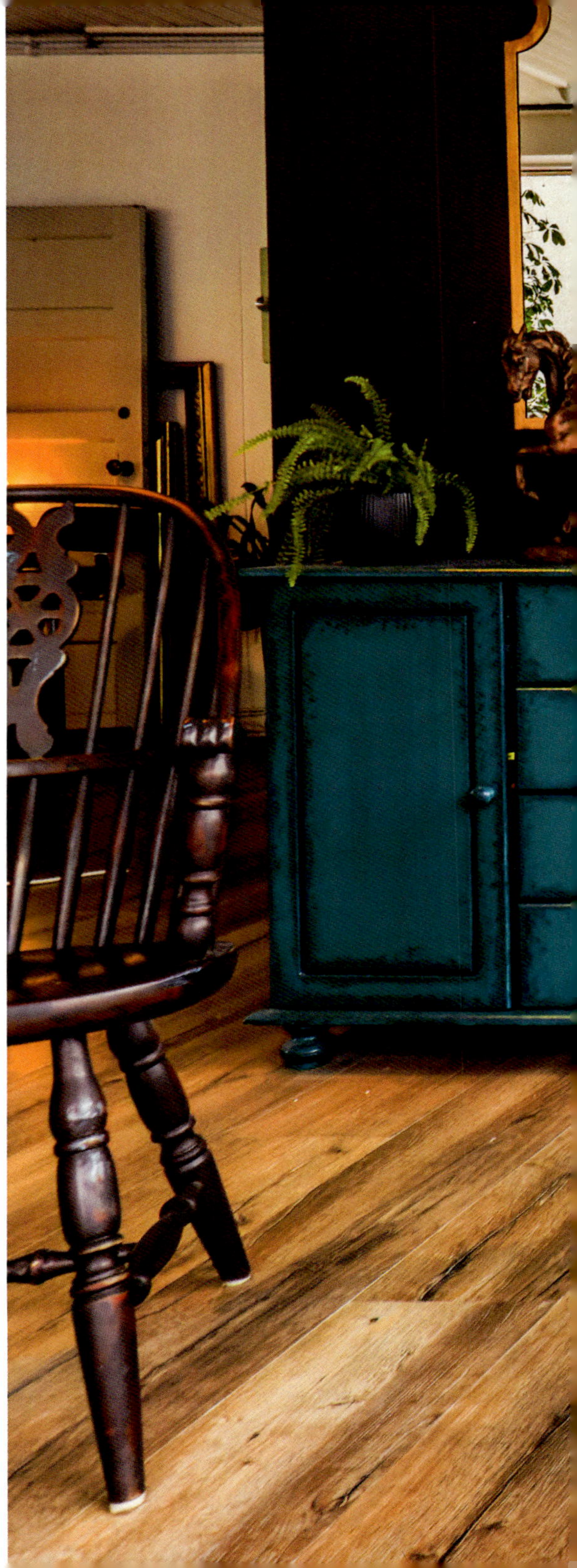

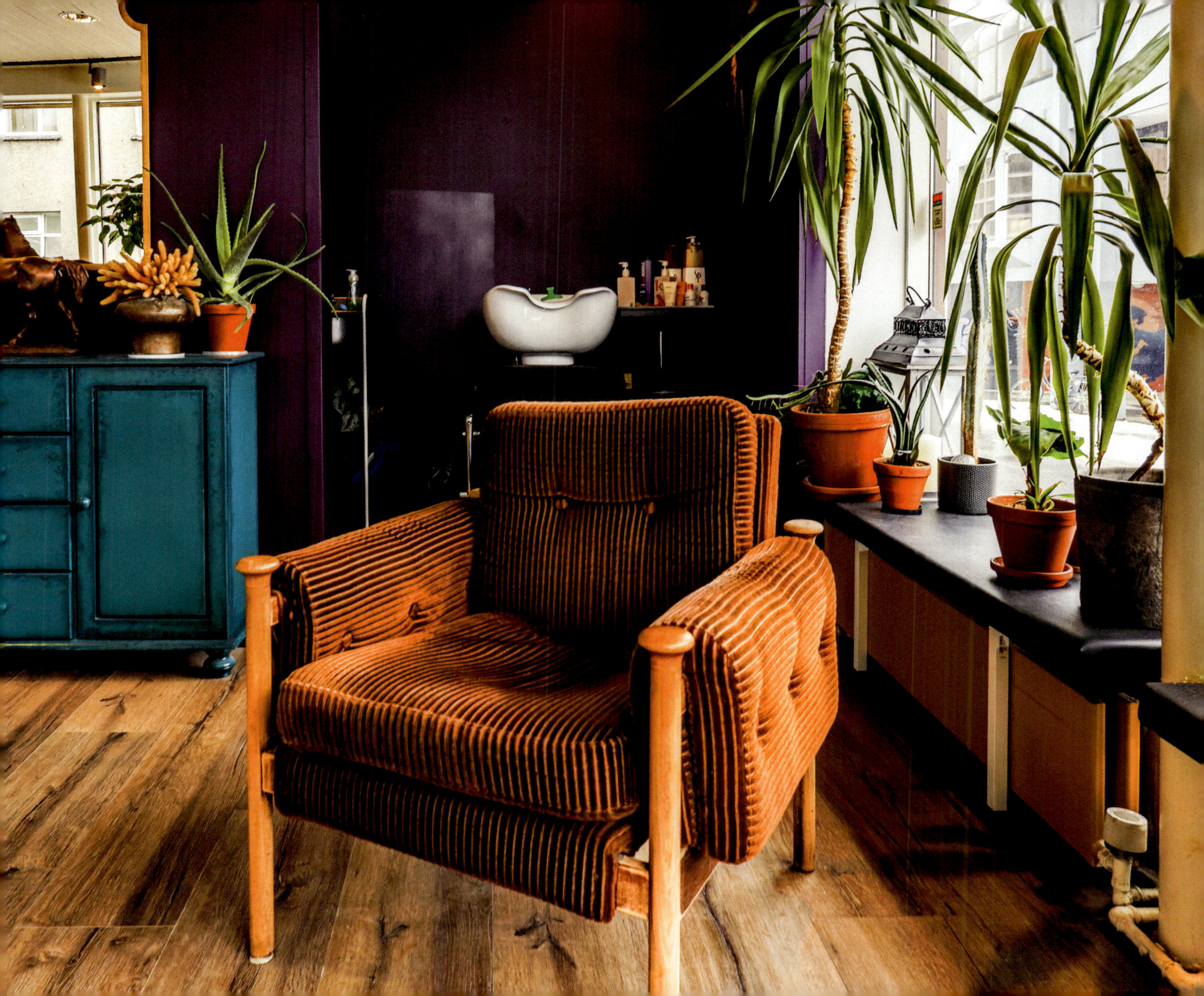

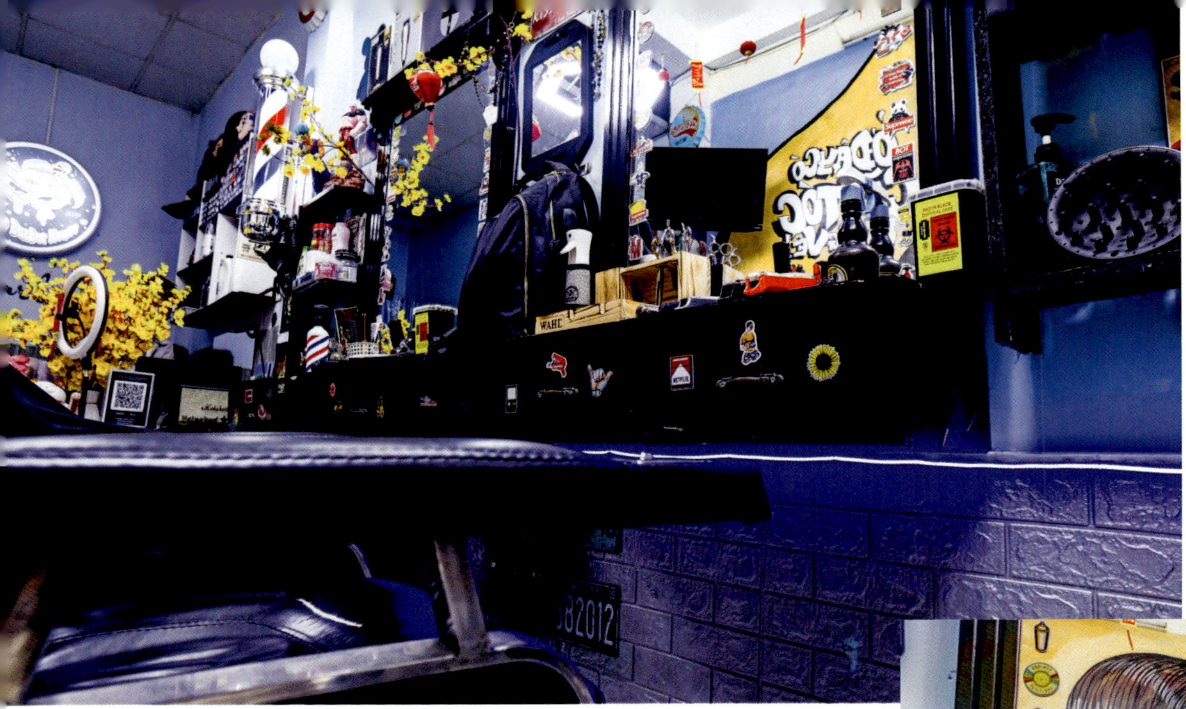

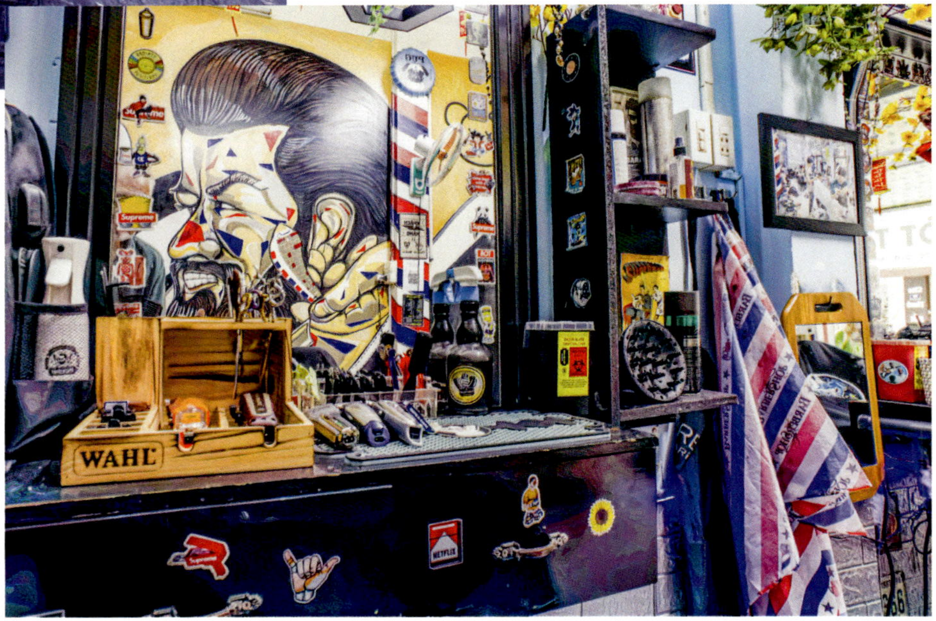

Viel Graffiti, viel Liebe und etwas abseits der Touristenpfade. Die Jungs dort waren Spitze, das kann ich aus eigener Erfahrung bestätigen.

Vietnam / Nha Trang

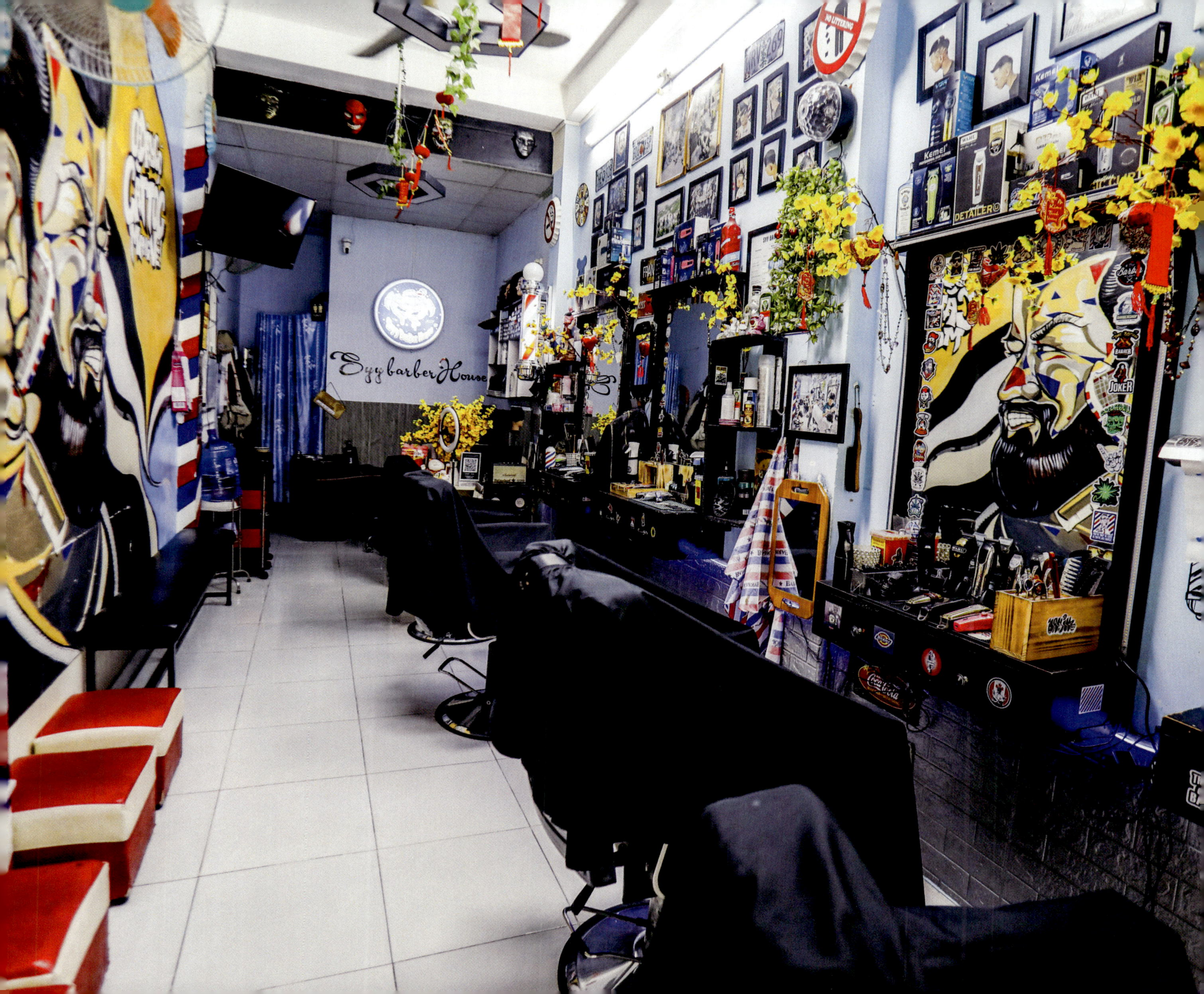
Syy barber House
NO LITTERING
DETAILER
JOKER

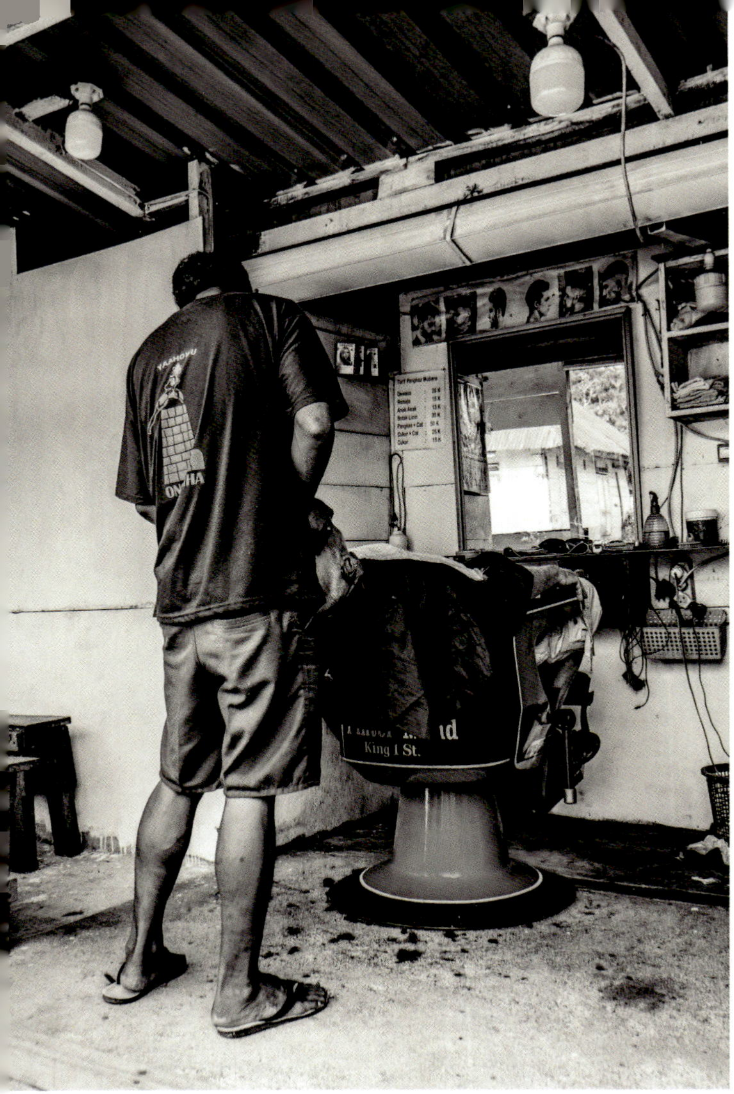

Samosir – die Insel im malerischen Tobasee
beherbergt einen sehr traditionellen Salon.

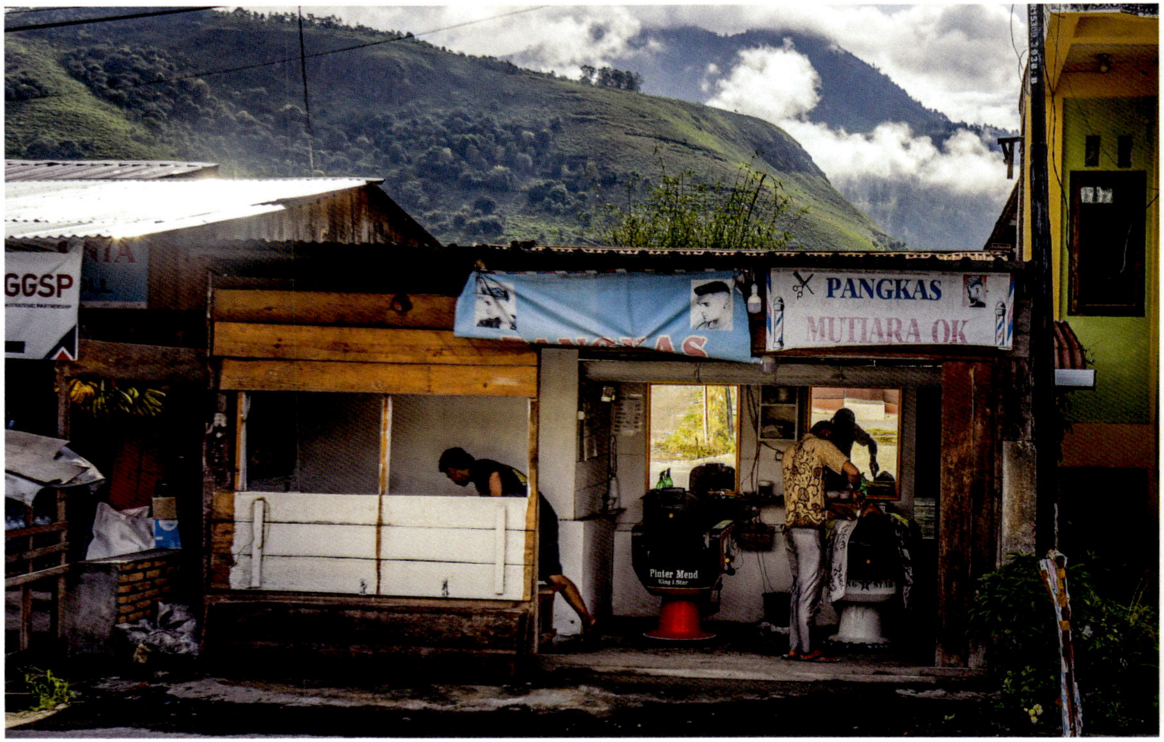

Indonesien / Sumatra-Samosir

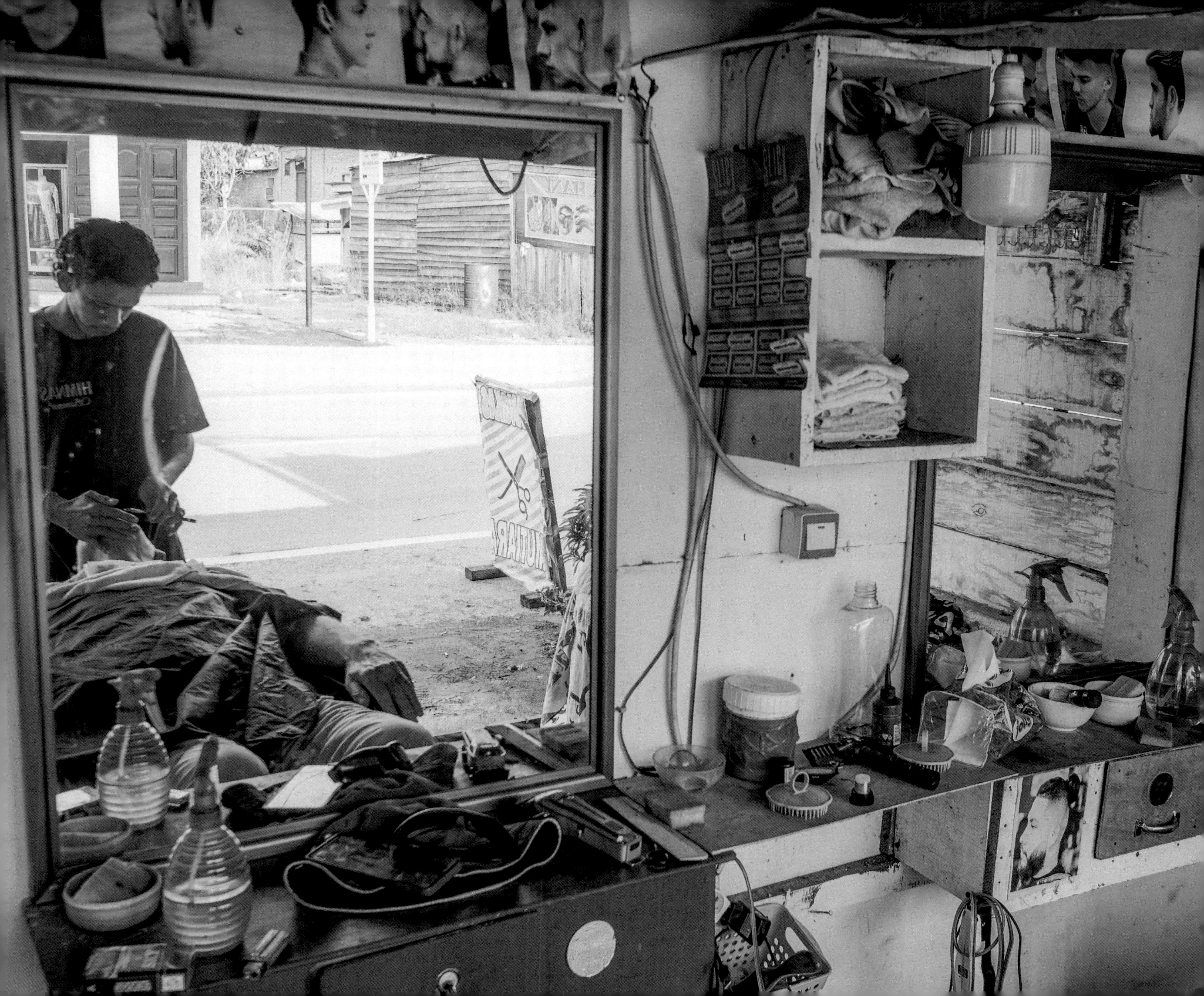

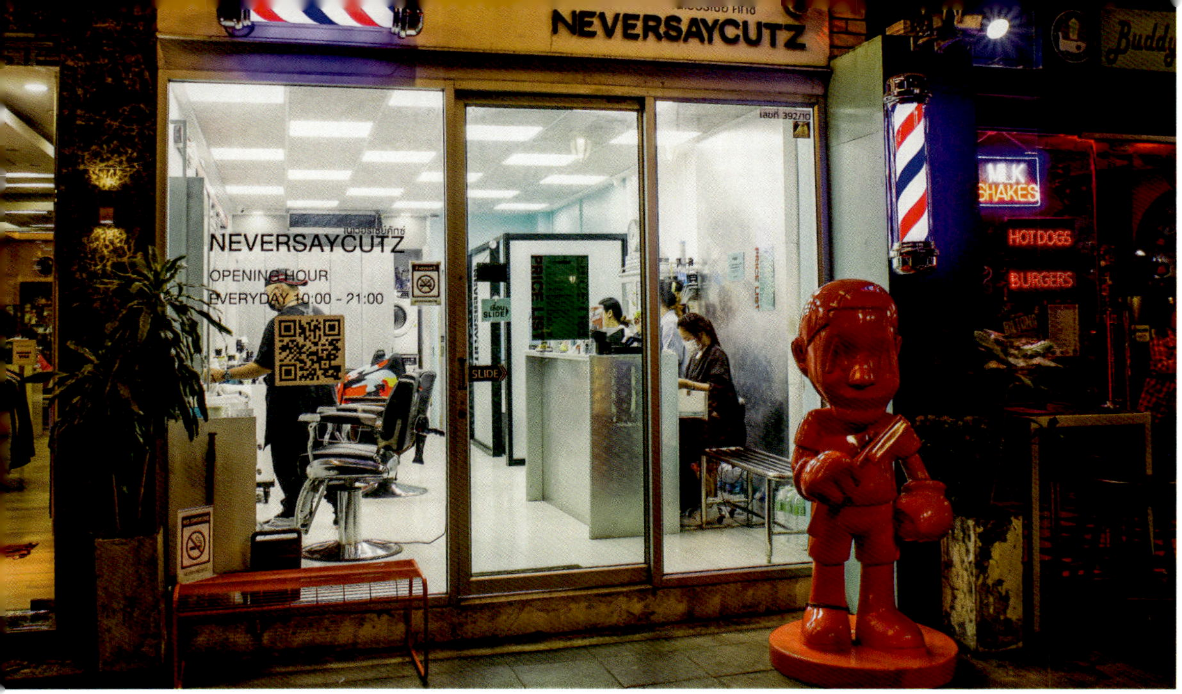

NEVERSAYCUTZ ist einer der vielen kleinen Barber an einer von Bangkogs Hauptstraßen gelegen. Und auch dieser hat bis weit in die Nacht geöffnet.

Thailand / Bangkog

47/48

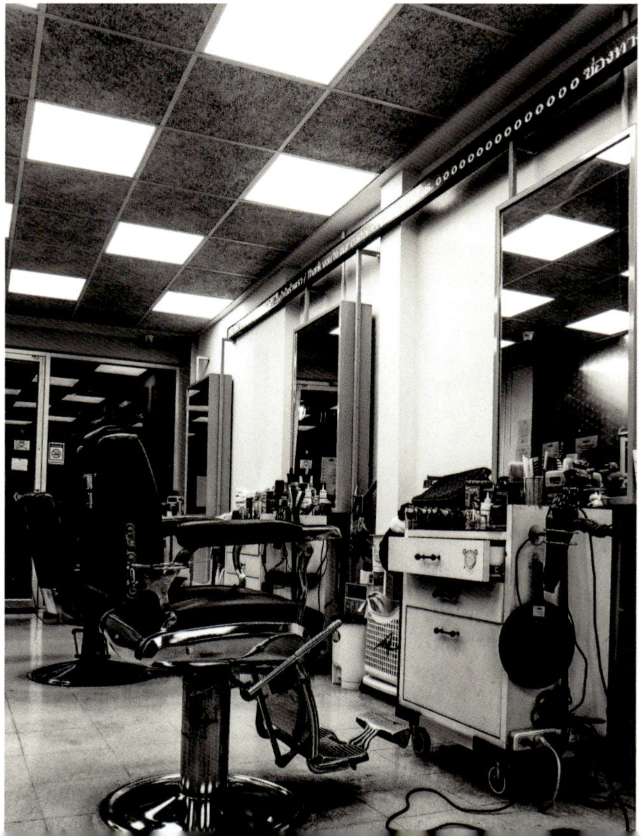

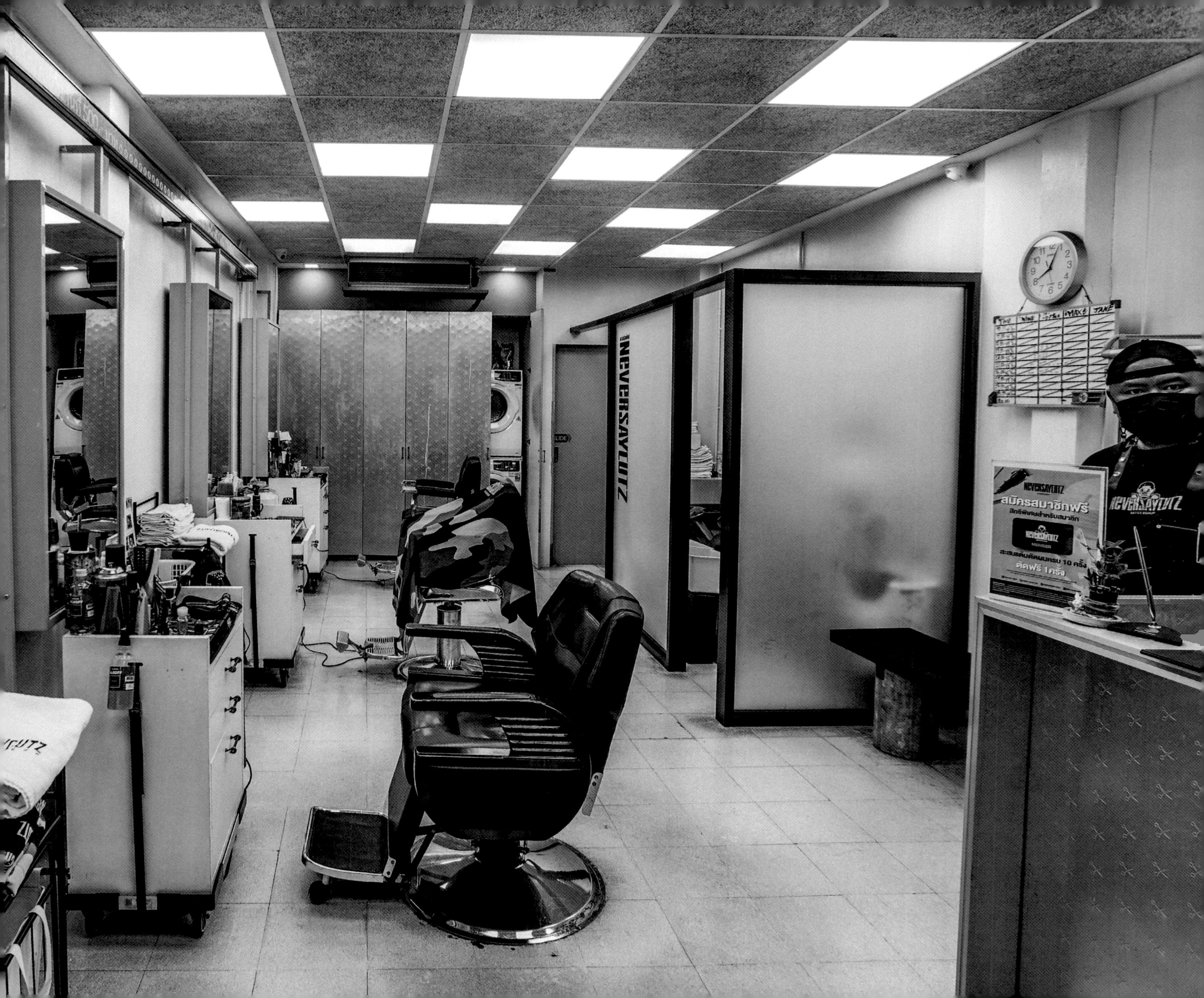
NEVERSAYCUTZ
NEVERSAYCUTZ
สมัครสมาชิกฟรี
สิทธิ์พิเศษสำหรับสมาชิก
สะสมแต้มตัดผมครบ 10 ครั้ง
ตัดฟรี 1ครั้ง

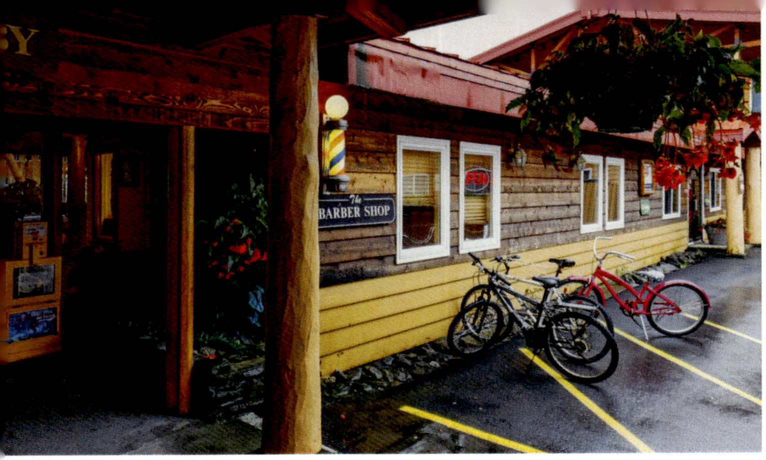

Das ist einer für mich gemütlichsten Barber Shops überhaupt: „Don“, hat die Ruhe gepachtet und es gibt Haarschnitte, die gerade für den Alaska-Aufenthalt praktisch sind. Denn hier am „Ende der Straße“ beginnt die Wildnis …... wirklich.

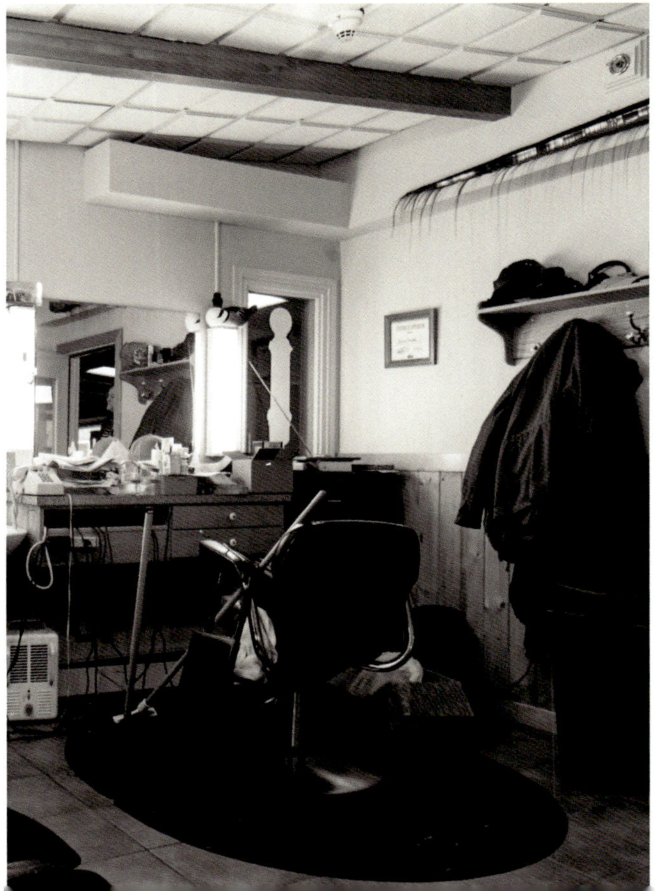

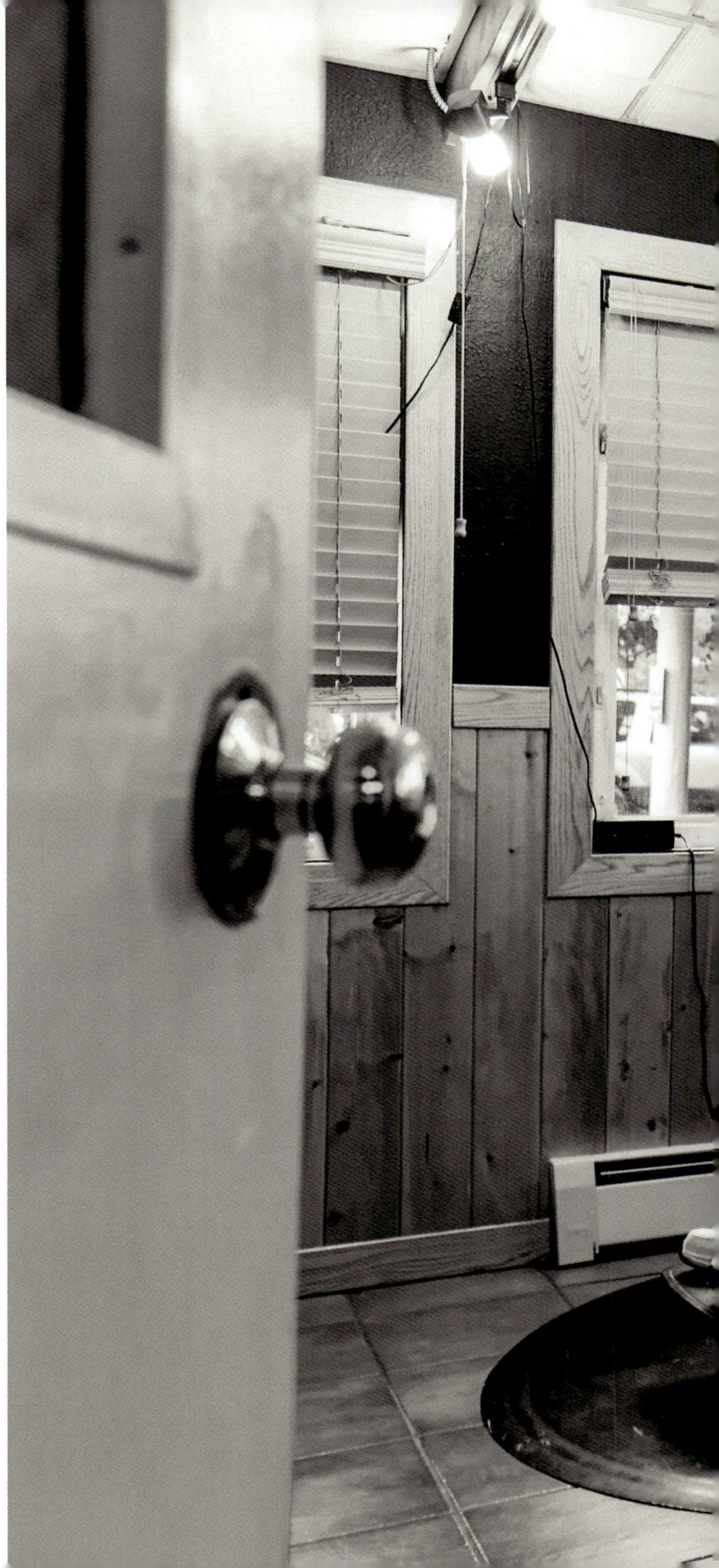

Alaska / Valdez

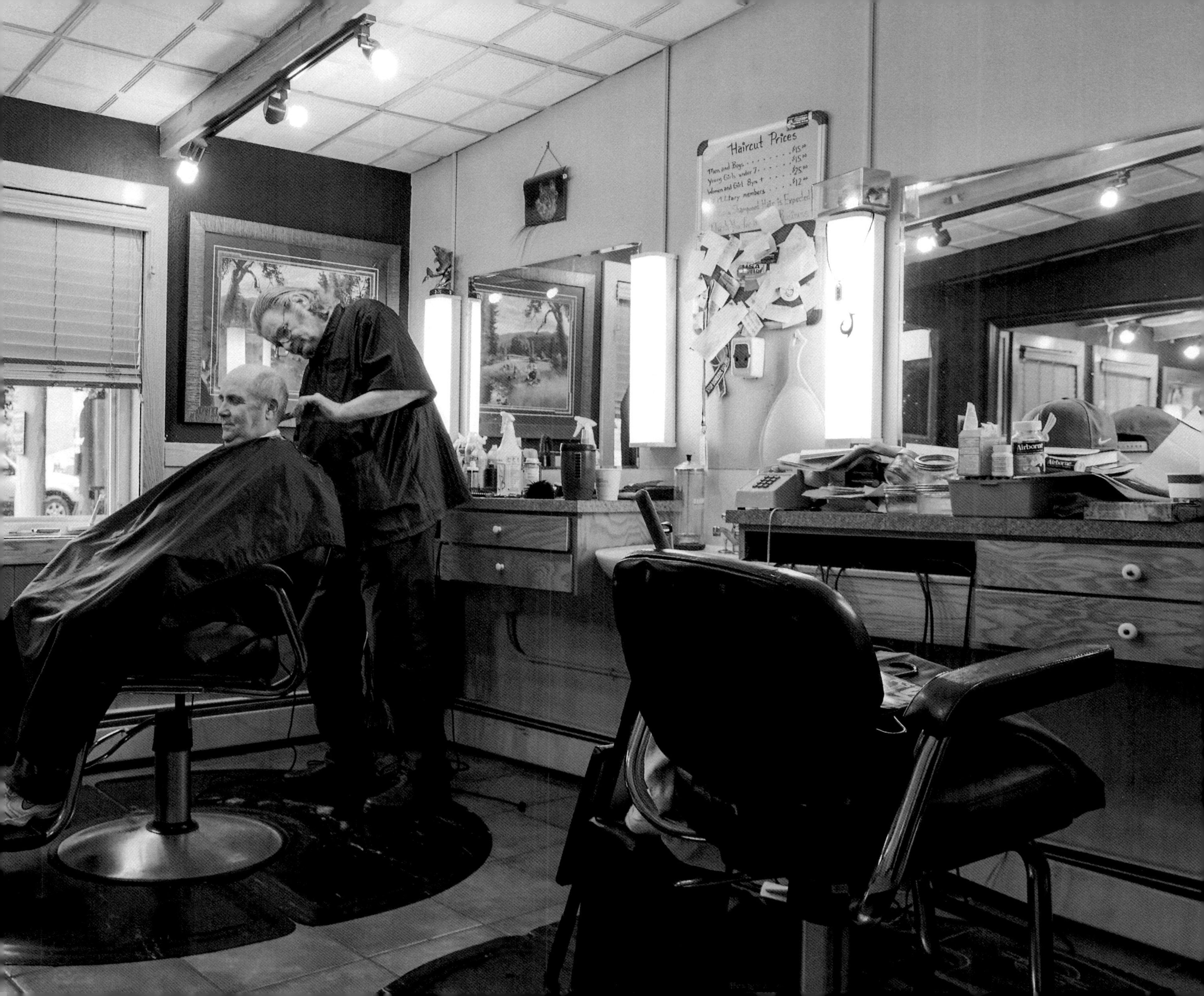
Haircut Prices
Men and Boys
Young Girls under 7
Women and Girl 8yrs +
Military members
$15.00
$15.00
$25.00
$12.00
Hair is Expected!
Airborne

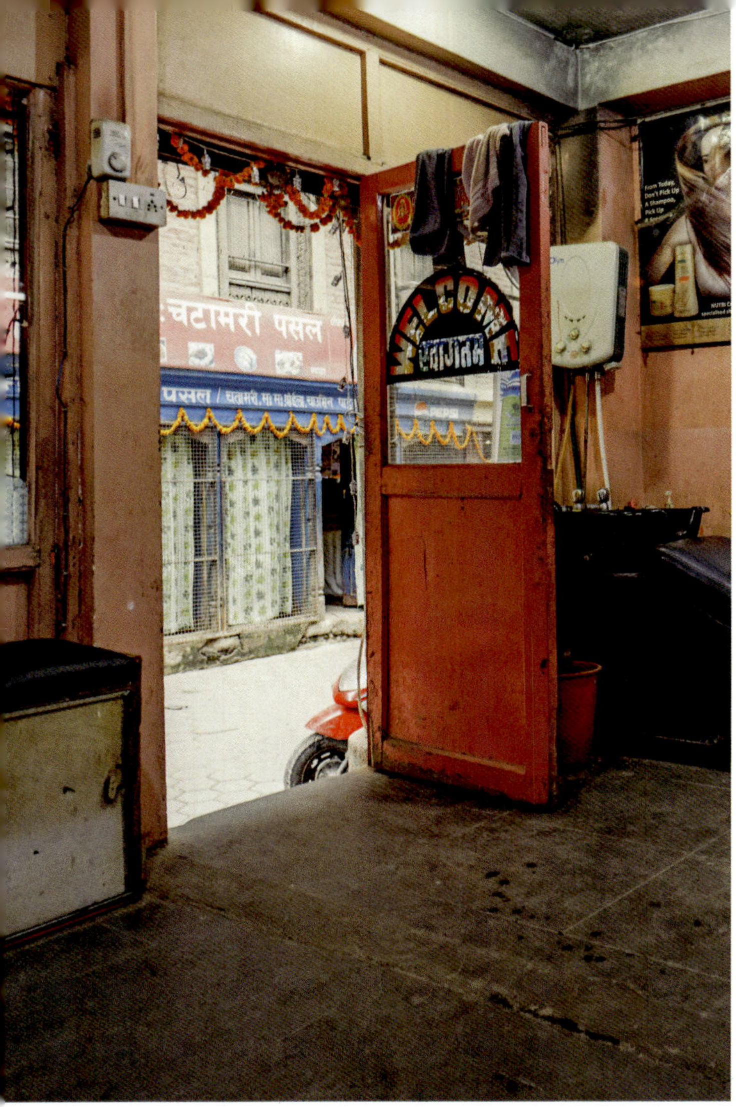

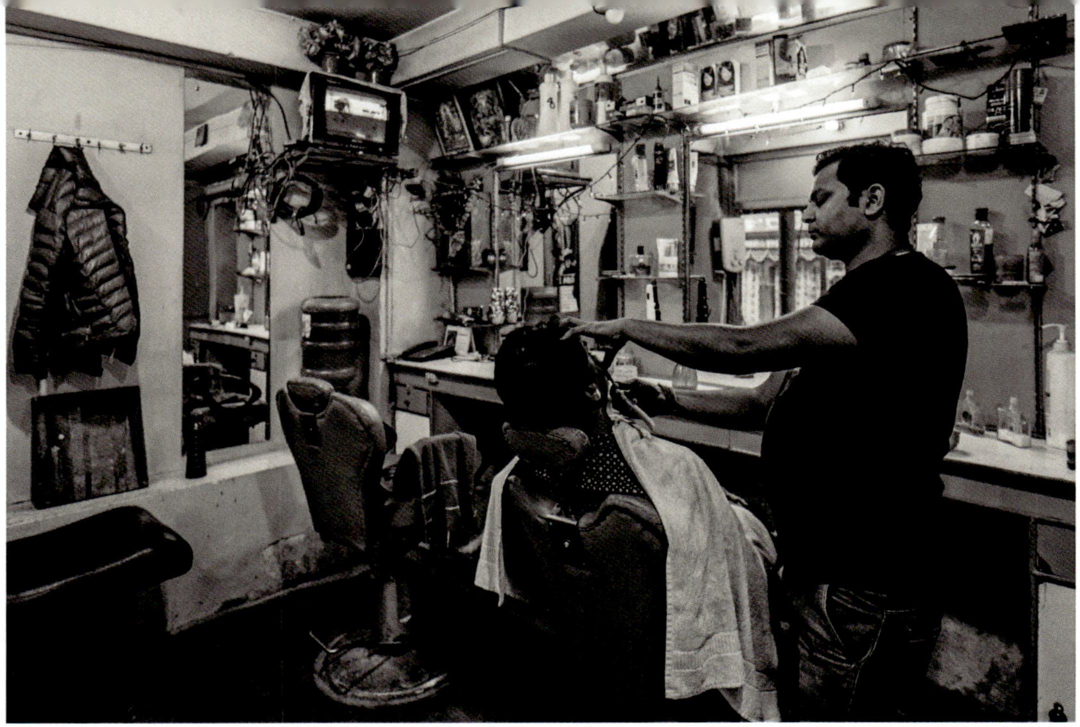

Nepal / Kathmandu

Die quirligste Stadt auf diesem Planeten befindet sich
am „Dach der Welt“. Erst noch schnell die Haare gestylt oder
bei Bedarf eine Rasur und danach zum Everest:
zu Fuß hinauf oder mit dem Helikopter einen Rundflug wagen.
Gigantisch.

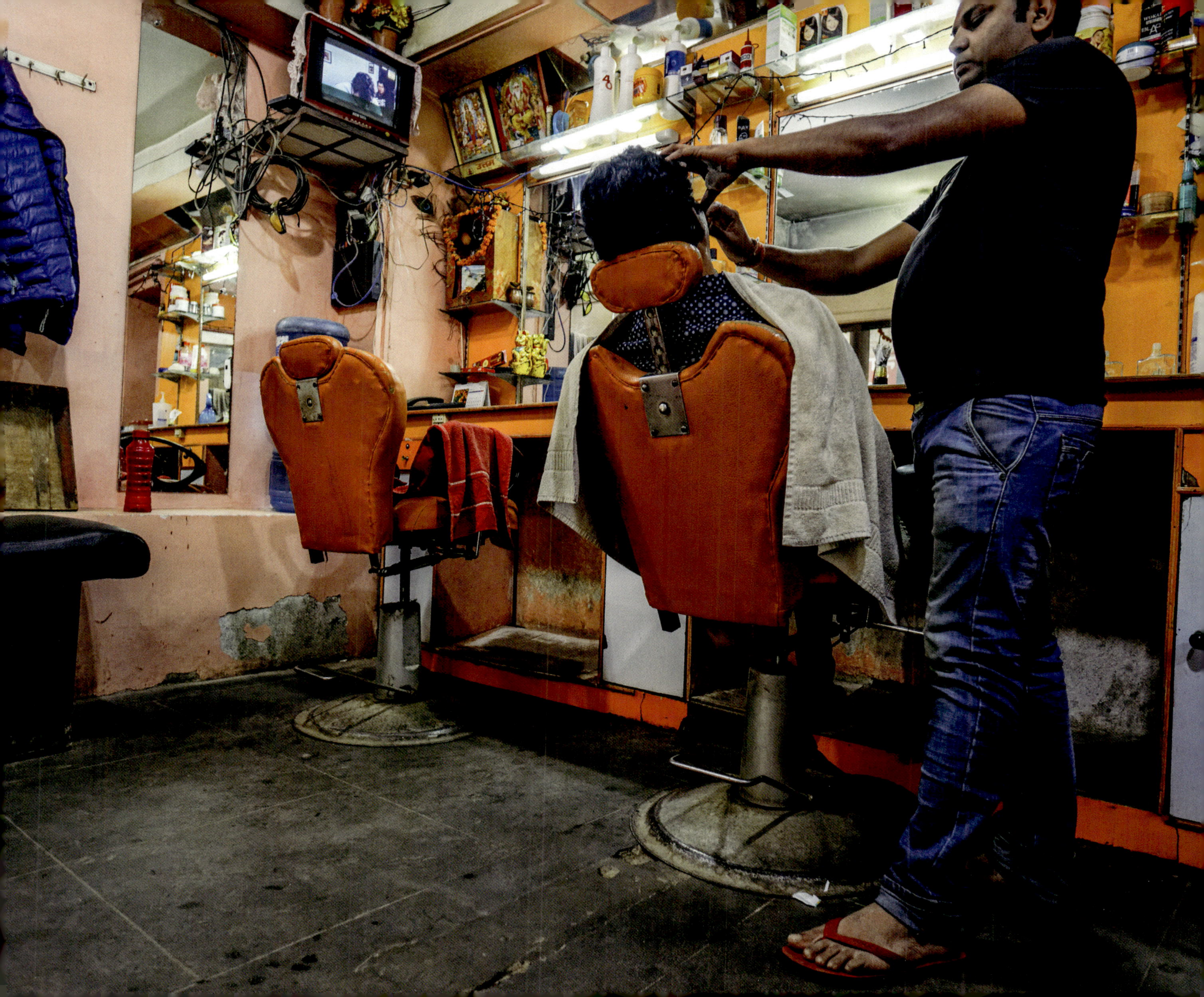

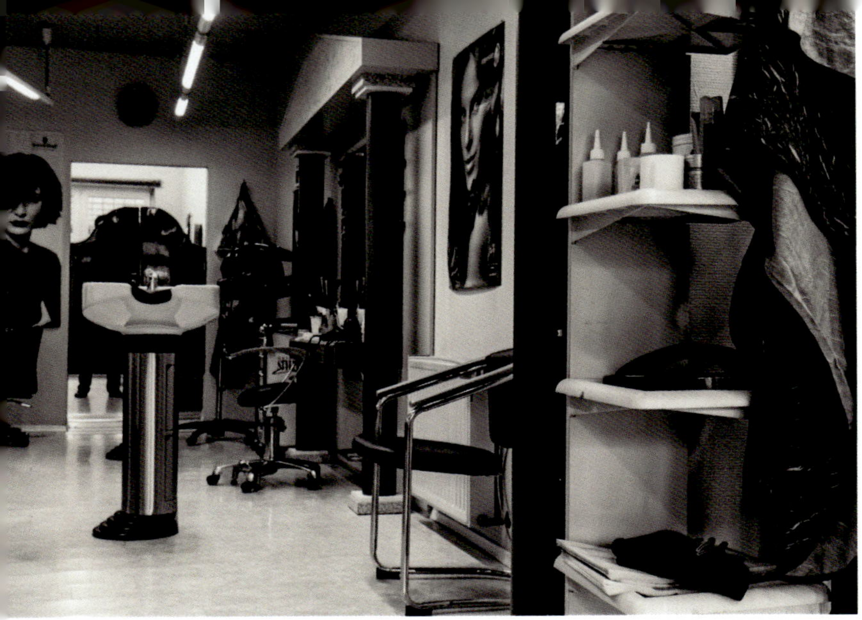

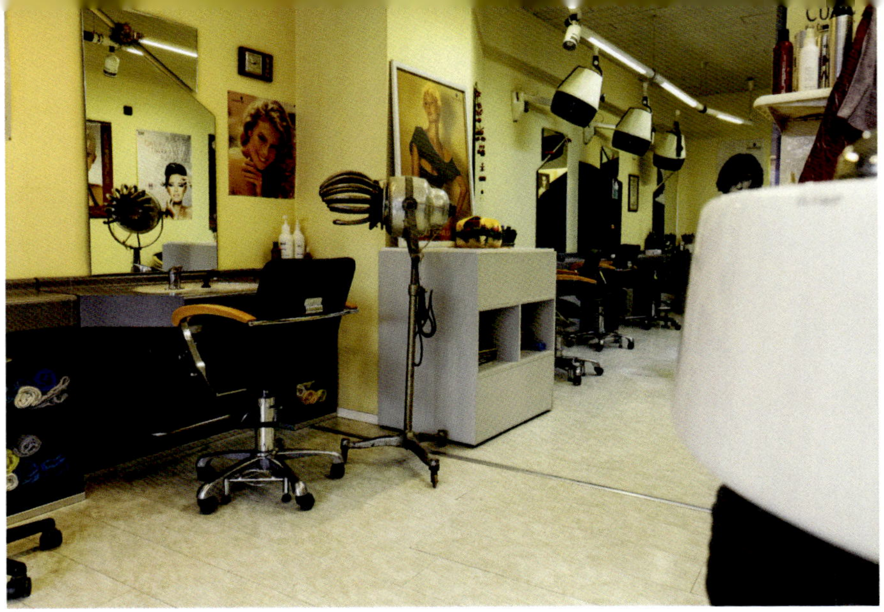

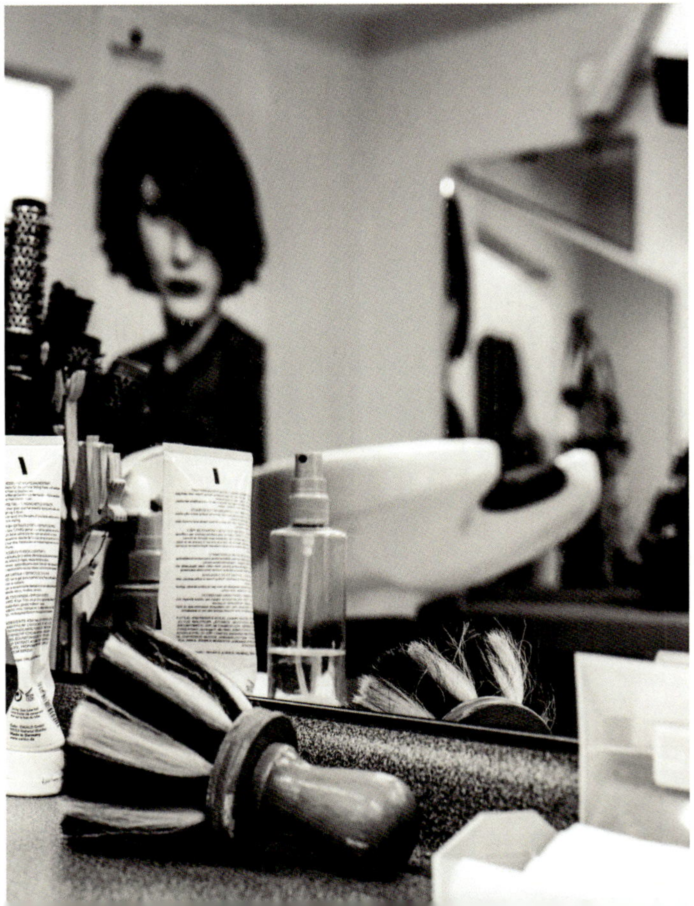

Dieser Salon ist Familie! Er befindet sich in einem ca. 500 Jahre altem Haus. Wenn man vor die Tür tritt, sieht man den Domplatz und den Domberg mit der Domkirche „St. Marien“ und der Kirche „St. Severi“. Ein epochaler Anblick.

Deutschland / Erfurt

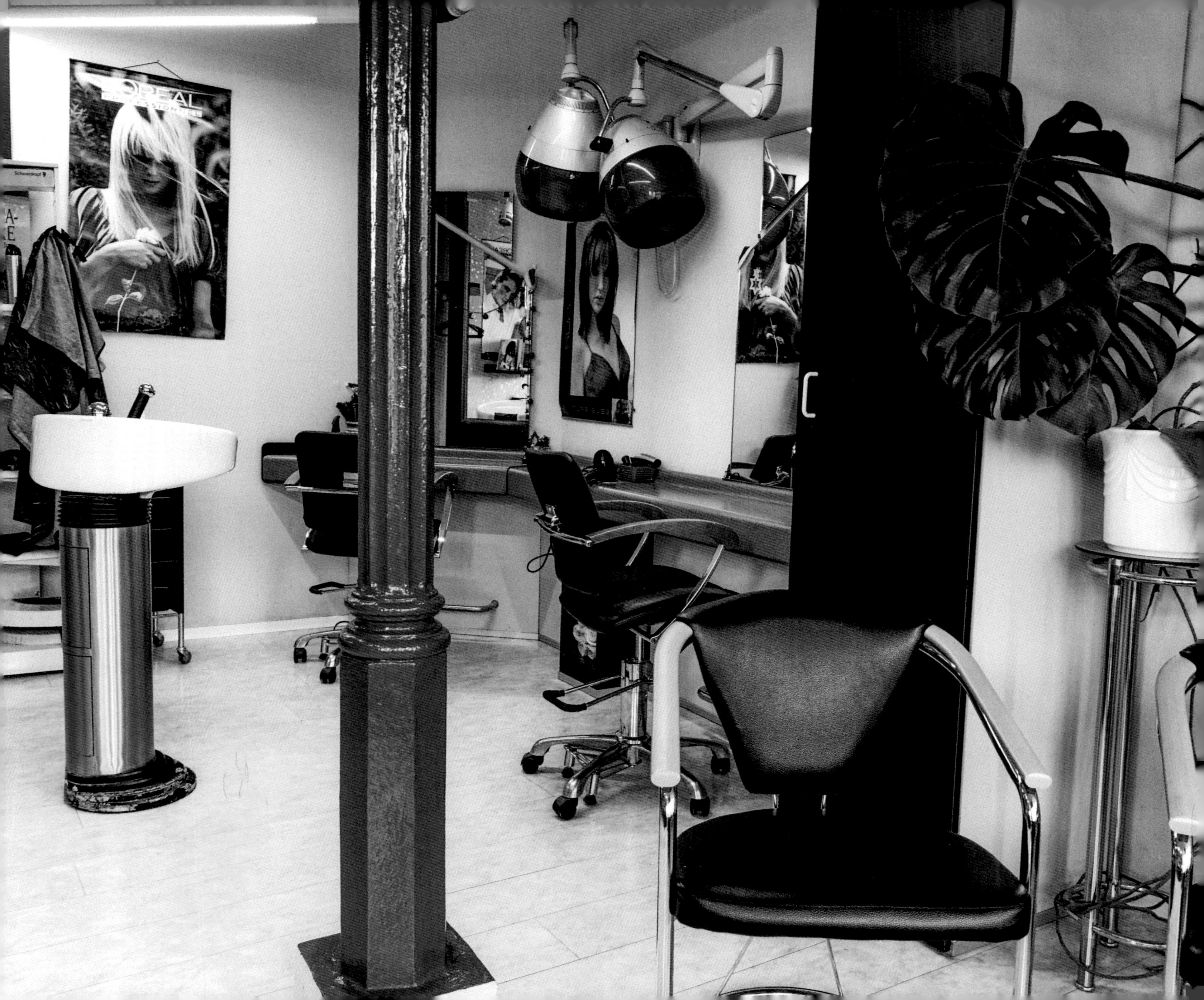
OREAL
PROFESSIONNEL

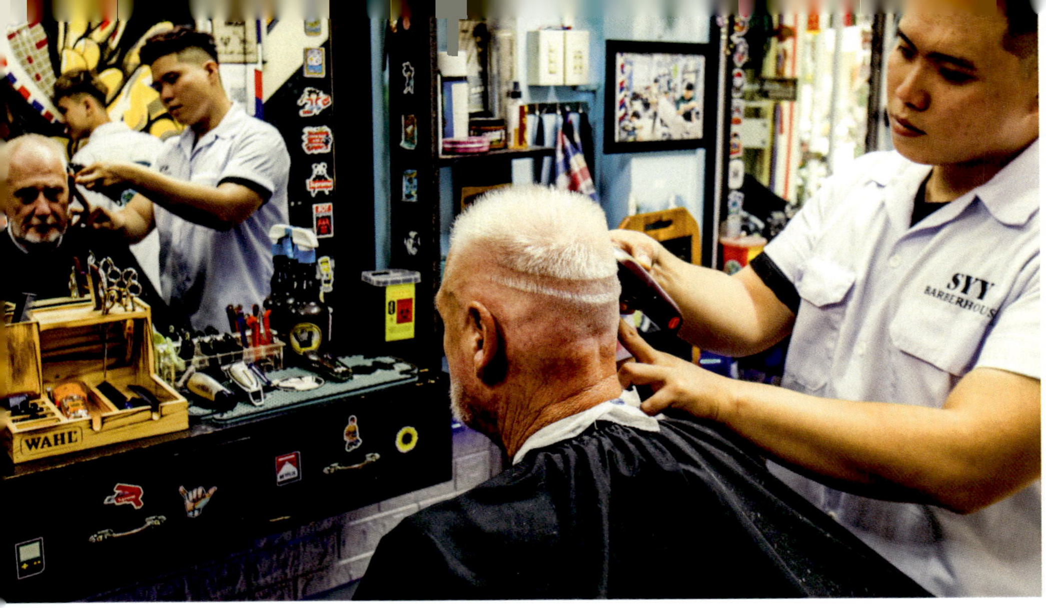

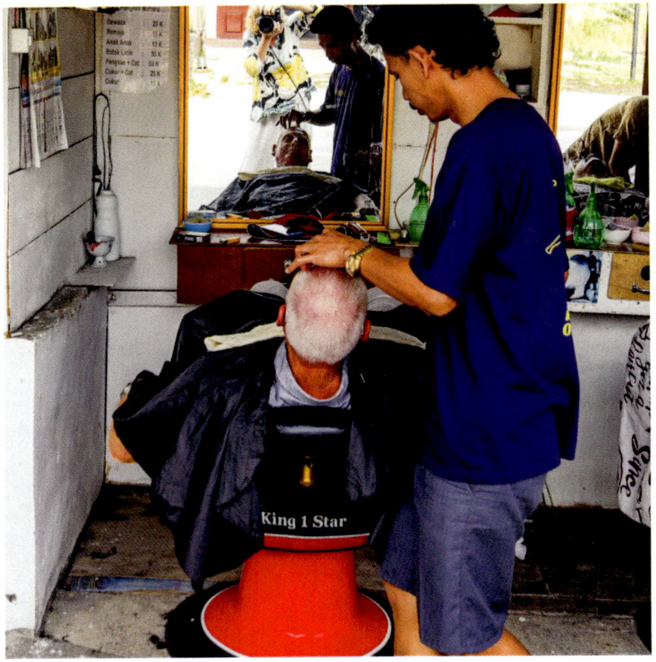

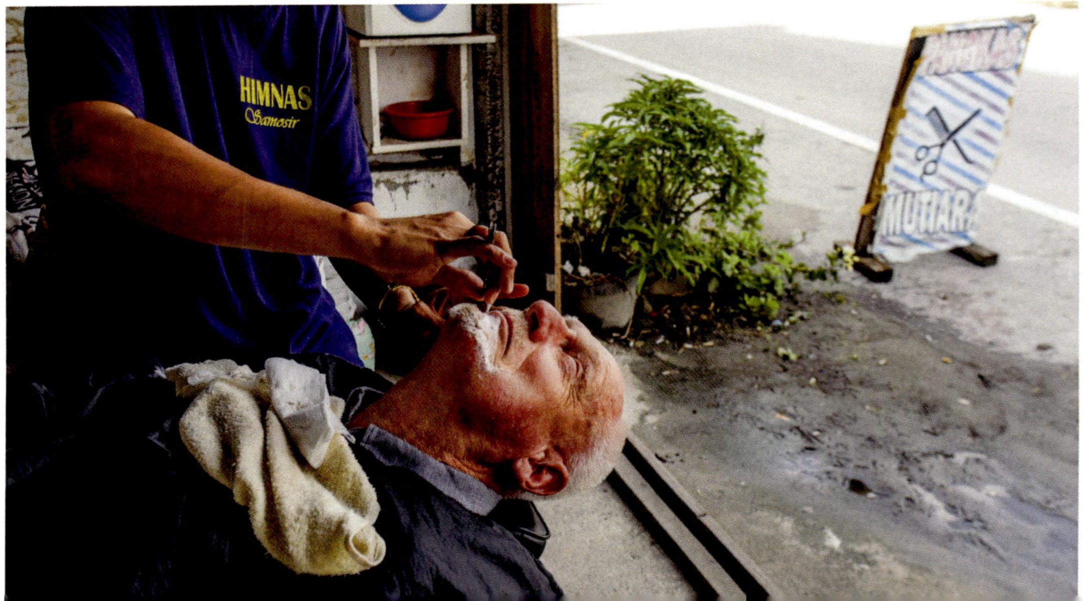

Tja.. und manchmal wird auch der Fotograf geschoren!